ÉGLISE DU SAINT-SÉPULCRE
A JÉRUSALEM

—

I

LES DEUX PORTES OCCIDENTALES
&
LA CHAPELLE SAINTE-MARIE

II

RECHERCHE DE LA MESURE OUVRIÈRE DU SAINT-SÉPULCRE
&
CONSÉQUENCES DE CETTE RECHERCHE

PAR

C. MAUSS
ARCHITECTE HONORAIRE DU GOUVERNEMENT

PARIS
ERNEST LEROUX, ÉDITEUR
28, RUE BONAPARTE, VIᵉ.
1911

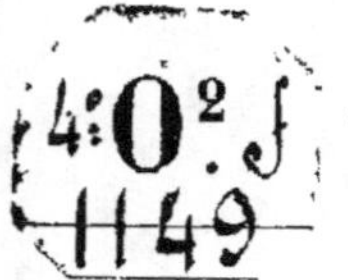

ÉGLISE DU SAINT-SÉPULCRE

A JÉRUSALEM

ANGERS, IMP. ORIENTALE A. BURDIN ET Cie, RUE GARNIER, 4.

ÉGLISE DU SAINT-SÉPULCRE

A JÉRUSALEM

—

I

LES DEUX PORTES OCCIDENTALES
&
LA CHAPELLE SAINTE-MARIE

II

RECHERCHE DE LA MESURE OUVRIERE DU SAINT-SEPULCRE
&
CONSEQUENCES DE CETTE RECHERCHE

PAR

C. MAUSS

ARCHITECTE HONORAIRE DU GOUVERNEMENT

———

PARIS

ERNEST LEROUX, EDITEUR

28, RUE BONAPARTE, VIe.

—

1911

ÉGLISE DU SAINT-SÉPULCRE

A JÉRUSALEM

I

LES DEUX PORTES OCCIDENTALES
&
LA CHAPELLE SAINTE-MARIE

L'historien arabe Edrisi rapporte qu'en 1154 l'Eglise du
Saint-Sépulcre avait, du côté de l'Ouest, deux entrées : la
Porte occidentale et la *Porte Sainte-Marie*. La première donnait accès directement dans la galerie supérieure de la
rotonde, la seconde s'ouvrait sur un escalier de 30 marches
qui conduisait dans les parties inférieures de l'édifice (1).

L'auteur ajoute qu'on ne pouvait descendre dans le bas de
l'Eglise par la « *Porte occidentale* » ; ce qui paraîtra singulier,
car la galerie supérieure de la rotonde devait être accessible
du côté méridional où se trouvent les possessions des Grecs
et des Arméniens. La défiance des clergés qui occupent ces
parties mal connues de l'Église du Saint-Sépulcre en a tou-

(1) La traduction de ce passage d'Edrisi nous a été communiquée par
M. Barré de Lancy, d'après l'ouvrage de M. Jaubert — 1836 —.

jours rendu l'exploration difficile et empêché qu'il en fût
dressé un plan exact. Mais le simple bon sens indique qu'il
doit exister de ce côté, une communication régulière et
ancienne, entre la galerie et les parties inférieures de l'édifice. La porte qui, du côté du Nord, communique avec le
petit couvent des Latins, semble bien avoir été percée *après
coup* dans le mur extérieur de la galerie. L'accès primitif et
régulier devait être vers le Sud.

Le couvent latin, tel qu'on le voit aujourd'hui, a été con-
stitué aux dépens d'anciens services qui existaient de ce côté;
en particulier de l'*Escalier de trente marches* et de ses abords.

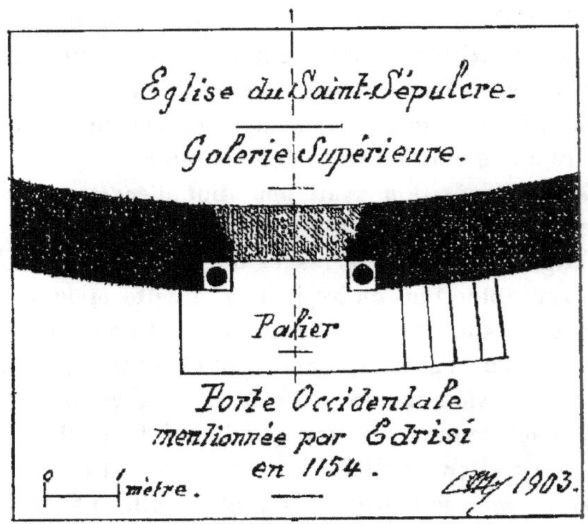

Plan de la Porte occidentale.

Les deux portes occidentales, mentionnées par Edrisi, existent
encore. Elles ont été murées à une époque indéterminée;
probablement après la chute du royaume franc et au moment
où Saladin transforma en hospice la résidence du patriarche.

La *Porte Sainte-Marie*, percée dans le mur ouest de l'ancien palais patriarcal, est visible dans la rue du Patriarche. Pour trouver la *Porte occidentale* proprement dite, il faut pénétrer dans un magasin donnant sur la rue et dont le sol est un peu plus bas que celui de la galerie supérieure de la rotonde.

Quelques marches que nous avons pu voir autrefois servent à racheter la différence de niveau.

La *Porte occidentale* se trouve mentionnée dans un rapport adressé au Consul de France, le 18 janvier 1869. Nous demandions au Consul de vouloir bien faire les démarches nécessaires pour obtenir l'autorisation de continuer la décoration peinte de la grande coupole, *dans toute la hauteur du tambour nouvellement reconstruit, mais seulement dans cette partie de la rotonde.* Nous demandions, en outre, à rouvrir la *Porte occidentale* (actuellement murée) pour faciliter l'introduction des matériaux nécessaires à la confection d'un échafaudage *suspendu*, en remplacement du grand *abri provisoire* qu'on était en train de démonter.

Cette proposition avait pour but d'écarter tout sujet de mécontentement et d'éviter l'encombrement, soit du parvis de l'Église, soit des terrasses du couvent grec. Elle ne fut point acceptée tant on avait hâte, à cette époque, d'en finir avec la question du Saint-Sépulcre. Et si nous rappelons cette circonstance, c'est simplement pour montrer que nous avions constaté l'existence de la *Porte occidentale* bien longtemps avant l'achèvement des travaux du Saint-Sépulcre.

Avant d'aller plus loin, il est intéressant de rechercher si l'escalier mentionné par Edrisi etait suffisant pour conduire de la rue du Patriarche jusqu'au niveau du sol de la rotonde.

D'après les plans de M. le colonel Wilson la cote actuelle de la rue du Patriarche au droit de la Porte Sainte-Marie serait de 2.507 pieds anglais.

Ci . . . 2 507 pieds

Celle du sol, au bas de l'escalier d'Al-Kiamé, est de . . . . 2.477 —

Différence . . . 30 pieds

Soit, en mètres 9ᵐ,15

auxquels il faut ajouter la hauteur des 3 marches
du parvis, plus une marche à l'entrée de l'Église.

                 Soit ensemble. . .   0ᵐ,80

Ce qui fait *9ᵐ,95*

pour la différence de niveau entre la rue du Patriarche et le
sol de la rotonde du Saint-Sépulcre. Mais la *Porte de Sainte-
Marie* est enterrée d'une quantité qui, d'après les croquis de
MM. de Vogüé et Paul Chardin, peut être évaluée à 0ᵐ,90, ce
qui réduit à *9ᵐ,05* la différence qui existe entre le sol de la
rotonde et le *seuil* de la Porte Sainte-Marie.

Si l'on suppose des marches de 20 centimètres, il faut au
moins 45 marches pour franchir cette hauteur. En donnant
215ᵐᵐ à chaque marche, ce qui est beaucoup, il ne faudrait
plus que 42 marches. On trouvera, plus loin, la raison de
cette hypothèse.

L'escalier de *30 marches* n'était donc pas suffisant et il faut
trouver la place de 11 à 12 marches qui sont nécessaires pour
compléter la hauteur totale de 9ᵐ,05.

Le plan publié en 1860 par M. l'abbé Michon et celui de
Bernardino Amico peuvent aider à expliquer ce qu'Edrisi ne
dit pas. M. l'abbé Michon a le premier, signalé au-delà de la
chapelle actuelle de Sainte-Marie un mur percé de 3 arcades
qui reposent sur des chapiteaux dont le dessin peut être
attribué au vii⁰ siècle, époque des restaurations du patriarche
Modeste.

Ces arcades précèdent une salle dont une partie sert, aujour-
d'hui, de réfectoire aux religieux latins du Saint-Sépulcre, et
tout porte à croire que cette salle formait autrefois le *Narthex*
de la chapelle Sainte-Marie. Cela ressort de la disposition de
la voûte qui recouvre cet espace, et de la présence, en cet
endroit, d'une *cuve baptismale* dont les Grecs n'ont jamais
permis le déplacement. Bernardino Amico la nomme : *Fonte
dei Greci*, et M. de Vogüé l'attribue au iv⁰ siècle.

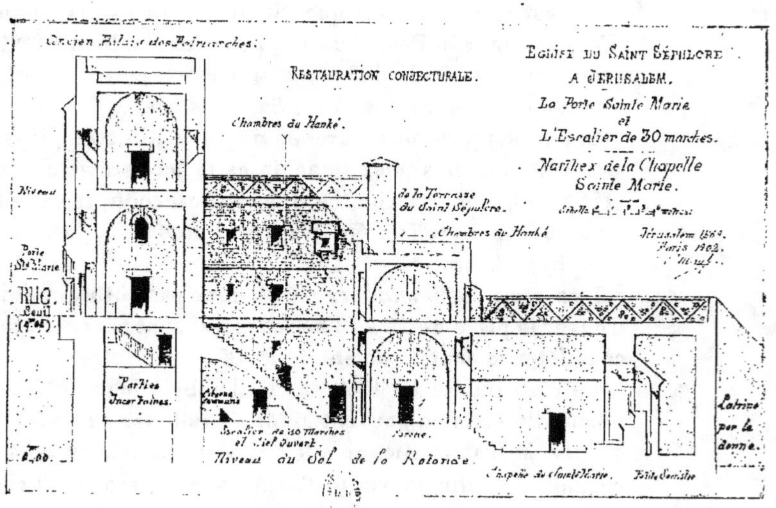
Ancien Palais des Patriarches.
RESTAURATION CONJECTURALE.
EGLISE DU SAINT SÉPULCRE
A JÉRUSALEM.
La Porte Sainte Marie
et
L'Escalier de 30 marches.
Narthex de la Chapelle
Sainte Marie.
Chambres du Hanké.
Niveau
Porte
Ste Marie.
RUE.
Seuil
de la Terrasse
du Saint Sépulcre.
Chambres du Hanké.
Jérusalem 1864.
Paris 1902.
Parties
Incertaines.
Parties
Incertaines.
Escalier de 30 Marches
et Ciel Ouvert.
Trône.
Niveau du Sol de la Rotonde.
Chapelle de Sainte Marie.
Latrine
par la
donne.

Elle est, aujourd'hui, en dehors du petit réfectoire des Latins; mais il est facile de voir qu'à l'époque où le porche était entier, cette cuve était située à droite de la porte qui devait mettre en communication le porche et la chapelle.

Ce porche à entrée monumentale fait nécessairement supposer, vers l'Ouest, un moyen d'accès qui n'est indiqué ni dans le plan de M. Michon, ni dans celui que M. de Vogüé a publié dans les *Eglises de Terre Sainte* et qui n'est autre, pensons-nous, que le large escalier du plan de Bernardino Amico (1596). Il en parle dans son texte « .....e tutto *il resto della scala* sopra della quale habitano turchi ».

Ce reste d'escalier visible encore en 1596 est évidemment un fragment de l'escalier de 30 marches signalé par Edrisi en 1154.

Amico fait remarquer qu'il était à « *ciel ouvert* » puisque les familles musulmanes qui habitaient les maisons voisines, incommodaient les religieux, en y jetant des objets divers qu'on était obligé de leur restituer à l'aide de cordes lancées des terrasses supérieures.

Le « *ciel ouvert* » existe encore aujourd'hui.

Quant à la partie haute de l'escalier on peut supposer qu'elle fut détruite quand Saladin fit murer les deux portes de l'Ouest et transforma en hospice la résidence des Patriarches. L'escalier de 30 marches aboutissait donc au porche de la chapelle de Sainte-Marie, et la chapelle elle-même devait servir de passage pour pénétrer dans la rotonde du Saint-Sépulcre.

Ce ne fut qu'en 1192, après la conclusion de la paix avec le Roi d'Angleterre que le Sultan accorda aux Chrétiens la permission de visiter le Saint-Sépulcre. Les pèlerins étaient logés au dehors. On les introduisait en ville par la poterne de *Saint-Ladre*, voisine de la porte *Saint-Étienne*, et on les conduisait, à couvert, jusqu'à l'Église du Saint-Sépulcre, où ils pénétraient par une porte située rue *du*

Patriarche (1), peut-être la *Porte Sainte-Marie*, rétablie à cet effet.

Si la triple arcade sous laquelle on passait pour pénétrer dans le porche peut être attribuée au VIIe siècle, on est conduit à admettre que l'escalier de 30 marches était, au moins, du même temps.

Les chapiteaux de la *Porte Sainte-Marie* actuelle, ainsi que l'archivolte qui les surmonte, n'ont aucun rapport avec les chapiteaux byzantins du porche de la chapelle de Sainte-Marie.

Cette porte ne devait donc pas exister au VIIe siècle dans l'état où nous la voyons aujourd'hui. Mais on peut admettre que, dès le VIIe siècle, l'Église du Saint-Sépulcre ait eu *vers le Nord* un accès par un escalier analogue à celui qui *vers le Sud* longe le couvent grec de la Trinité. La parenté de la *Porte Sainte-Marie* avec la façade méridionale du Saint-Sépulcre peut s'établir moins par la sculpture des chapiteaux que par les détails de l'archivolte *à voussoirs ondulés* qui les surmonte. Quant à la *Porte occidentale* elle était percée suivant l'axe est-ouest de l'Église dans le mur circulaire de la galerie supérieure. On peut encore en apercevoir les traces sous l'enduit qui la recouvre à l'intérieur de la galerie et en retrouver tous les contours apparents dans un magasin situé de l'autre côté du mur.

Le seuil de la *Porte occidentale* est relevé de plusieurs marches au-dessus du sol du magasin.

Signalée au XIIe siècle cette porte a dû rester visible jusqu'à la fin du XVIIIe siècle car on lit dans une *Histoire du Temple de la Résurrection*, publiée à Livourne en 1784 par *Giovanni Mariti* les deux passages suivants :

« ... *Nel fare il giro del Tempio della Resurrezione si osserverano in questa parte tre incavi semicircolari a guisa di tribunette, una à Settentrione ove è la Scala per la quale*

______

(1) De Vogué, *Églises de Terre Sainte*.

*sipassa in alcuni particolari quartieri et dove era antica-
mente una porta per uscire del Tempio.* » C'est la *Porte
Sainte-Marie.*

Plus loin, en décrivant l'intérieur de la rotonde, Mariti
s'exprime ainsi :

« *... Una Scala che è all' austro di questo edifizio conduce al
secondo portico o sia alle gallerie superiori alle quali si par-
viene similmente da un' altra Scala che è nella banda Setten-
trionale e che rimane dentro il convento dei Padri Minori.* »

Mariti veut ici parler de l'escalier *intérieur* du petit couvent latin; puis il ajoute :

« *.... La maggiore porzione della detta Galleria è di atte-
nenza dei Religiosi minori osservanti e particolarmente
quella che è a Settentrione e à occidente.*

« *L'altra parte australe è da qualche tempo di proprietà
degli Armeni, quantumque questa pure fosse gia una volta
dei Latini.* Nella banda occidentali *di questa Galleria* vi
era una porta *per la quale si poteva passare nella cita,* ma è
questa oggi murata. »

Il s'agit ici de la *Porte occidentale* et cette narration faite
en 1784, confirme en tous points le récit d'Edrisi.

Dans un autre passage non moins intéressant au point de
vue de la topographie du Saint-Sépulcre, le même auteur
mentionne *la citerne commune; la cuve baptismale et la
Porte Sainte-Marie.*

« *...usciti adunque dalla stessa porta per la qualè si entra
nella chiesa dell' apparizione, volgendo a destra dopo circa
venti braccia, sulla parte medesima, si trova una scala di
quattro scalini semi-circolari si passa per essa ad una Cisterna
grande che è comune a tutti quelli che fanno permananza
nell Tempio della resurrezione e la quale è assai grande
scavata nella rocca e molto si estende sotto il monte. L'anti-
chita della medesima va a confronto co' principii della fabrica
stessa che si rimonta al Secolo IV.* »

Pour Mariti la citerne commune remonte au ive siècle. Elle

pourrait être un des « *Exceptoria* » signalés par le *Pèlerin
de Bordeaux* en 333. L'auteur poursuit :

« *Vi è qui* una porta *per la quale si potrebbe uscire del
Tempio, ma è serrata e non si permette di servirsi della medesima ed appresso alla quale osservasi* un vaso di marmo, *il
quale ha servito in antico per baptizzarvi per immersione.*

« *Di qui si puo avere similmente, communicazione nel convento de' minori osservanti sopra descritto.* »

De tout ce qui précède, il résulte qu'il existait à l'ouest de
l'Église du Saint-Sépulcre *deux portes* dont l'une, *la Porte
occidentale*, donnait directement accès à la galerie supérieure,
et dont l'autre, *la Porte Sainte-Marie*, conduisait par un escalier de 30 marches à la chapelle de Sainte-Marie et dans les
parties inférieures de la rotonde. Si, maintenant, nous cher-
chons à rétablir, dans leur disposition primitive, *l'escalier
de la Porte Sainte-Marie*, et *le porche* qui précédait la chapelle,
on remarquera que la *cuve baptismale* signalée au même
endroit, depuis le xvie siècle, se trouvait reportée sur le côté
droit du porche quand celui-ci était dans son intégrité. Quant
à l'escalier de 30 marches les plans de Bernardino Amico
(1596); de J. J. Hoffmann (1696); du comte de Forbin (1818),
et la description de Giovanni Mariti (1784), nous fournissent
des indications suffisantes pour nous permettre d'en rétablir
les dispositions. Il serait facile d'en contrôler l'exactitude
sur place, car le chaperon de l'ancienne rampe de l'escalier
était encore visible en 1869. En donnant 27^{cm} au giron des
marches la partie d'escalier mentionnée par Edrisi occuperait
en plan une longueur de *7*^{m},*83*. Le *ciel ouvert* que signale
Bernardino Amico mesure 9^{m},50 environ. On peut donc y
loger l'escalier d'Edrisi et il restera, dans le bas, un palier de
1^{m},*67*. En lui donnant *1*^{m},*50* le giron des marches serait de
275^{mm}. Mais, comme il faut 42 marches pour atteindre le sol
de la rotonde, on doit admettre que le sol du porche n'était
pas au même niveau que celui de la rotonde, et qu'il existait
un degré dans l'espace A qui fut, plus tard, converti en cha-

pelle. En effet, Amico indique un degré qui prend naissance dans l'absidiole du Nord, et qui se compose de 11 marches dans le plan de 1596. Il est bien probable que ce n'était point là l'issue normale par laquelle on pénétrait autrefois dans l'intérieur de la rotonde. Cette abside devait servir de chapelle et non de passage. Ce qui le prouve c'est qu'on trouverait facilement la place de ces 11 marches complémentaires, en les divisant en deux groupes dont le premier, composé de 7 marches, serait à l'entrée de la chapelle, comme nous l'indiquons, et dont l'autre, composé de 4 marches, serait à la sortie de la chapelle. Ces dernières ont été conservées. On obtient alors la disposition générale de notre plan. Ce qu'il faudrait connaître exactement c'est l'ancien sol du porche, et il suffirait, pour cela, de dégager le pied de la *cuve baptismale* qui n'a peut-être jamais été déplacée depuis le viie siècle. Elle doit reposer sur l'ancien sol. C'est le plus vénérable témoin de tous les changements imposés à cette partie de l'édifice.

La partie inférieure de l'escalier de 30 marches, dessinée sur le plan de Bernardino Amico, existait encore en 1784 et même en 1817, si le plan du comte de Forbin représente bien l'état des lieux à l'époque où ce voyageur visita le Saint-Sépulcre.

Les plans publiés, plus tard, par l'ingénieur Pierrotti; le frère Liévin de Hamme et le colonel Wilson n'en font plus mention. Ce serait alors vers 1850 que les derniers vestiges de l'escalier d'Edrisi auraient disparu.

Les marches supérieures de cet escalier ont dû être détruites pour satisfaire à des besoins d'aménagements du petit couvent dans lequel elles se trouvaient engagées, car les musulmans, si peu destructeurs, se sont peut-être bornés à murer la Porte Sainte-Marie, sans rien démolir de l'escalier d'Edrisi.

Il y aurait lieu, à ce sujet de rechercher à quel moment les Latins prirent possession de la chapelle de Sainte-Marie. Les

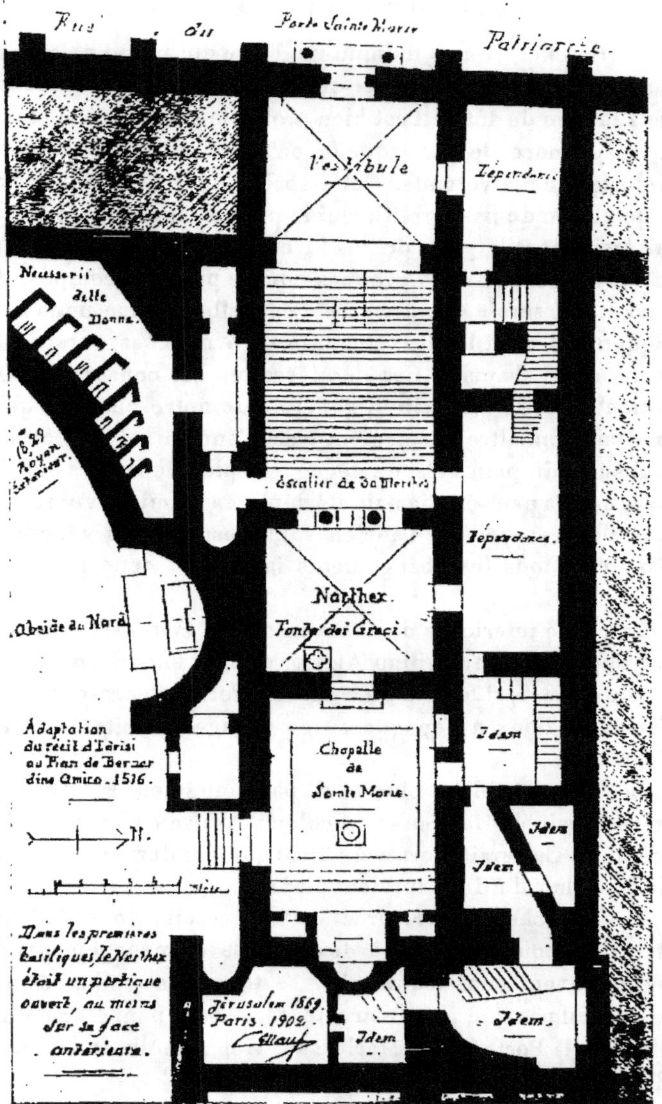

L'escalier de 30 marches et la Chapelle de Sainte-Marie.

textes du XIIᵉ siècle semblent démontrer, que pendant les croisades, cette chapelle est restée entre les mains du clergé

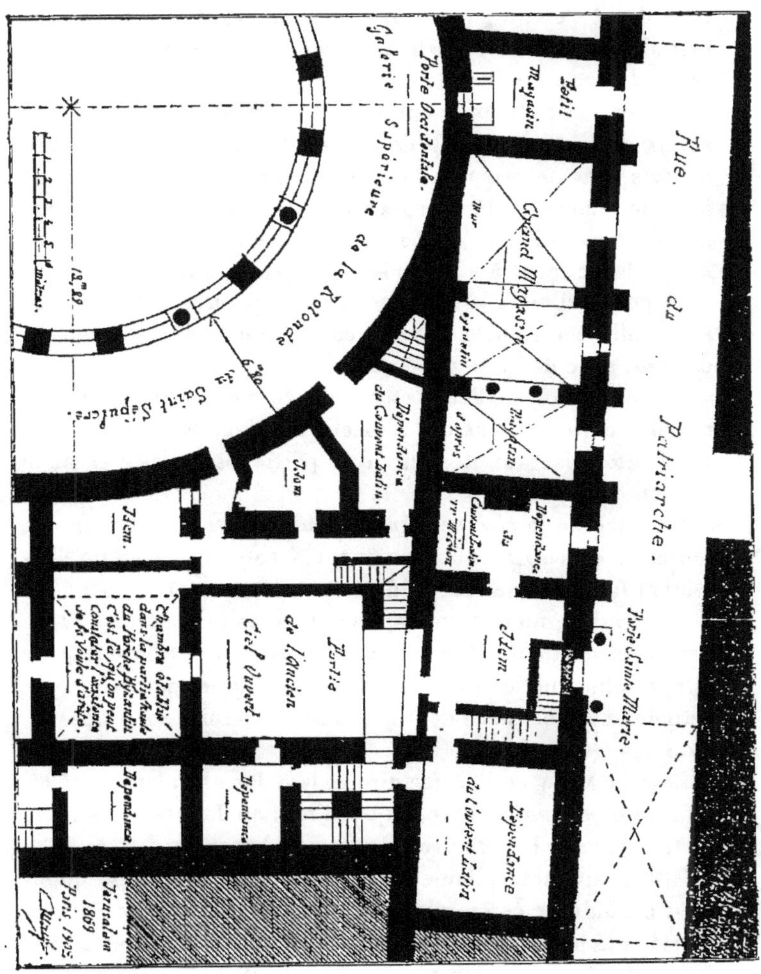

Porte occidentale et Porte Sainte-Marie. Plan au niveau de la galerie supérieure de la Rotonde.

grec qui dut la conserver jusqu'au XIIIᵉ siècle environ. De même pour la galerie supérieure de la rotonde. Ceux qui possédaient la *Porte occidentale* devaient, en même temps, avoir la jouissance de la galerie qui contourne la rotonde et s'étend au-dessus des *Sept arceaux* avec retour jusqu'à l'*Arcade Impériale* mais cette recherche sortirait du cadre de cette étude.

On peut dire, seulement, que les Grecs qui, par nature, sont *traditionnels* et *politiques*, ont dissimulé la *Porte occidentale* dans un magasin leur appartenant et où ils déposent habituellement le blé nécessaire aux besoins de leur communauté. Pour la *Porte occidentale*, comme pour la *cuve baptismale*, ils tiennent à maintenir la tradition antique.

La possession de la Porte occidentale prouve que la galerie à laquelle cette porte donne accès, dépendait autrefois du couvent grec de la Sainte-Trinité.

Dans le plan de l'état actuel du couvent des Latins, on remarque une cuisine qui n'existe pas dans le plan de 1596. Elle a été prise aux dépens de la partie basse de l'escalier d'Edrisi.

L'orifice de la *citerne commune* et la *cuve baptismale* ont toujours été maintenus aux mêmes endroits; comme l'attestent les plans de J. J. Hoffmann et du colonel Wilson.

Amico désigne la cuve baptismale sous le nom de « *Fonte dei Greci* », et cette dénomination n'est pas indifférente, car elle indique que les Franciscains ont conquis leur réfectoire actuel sur un emplacement qui était, autrefois, en la possession des Grecs.

Le mur M du petit réfectoire existe dans le plan de 1596. La *cuve baptismale* située, aujourd'hui, en dehors du mur M, se trouvait sur le côté droit du porche byzantin.

Elle avait, naturellement, sa place sous ce porche qu'on peut considérer comme le narthex de la chapelle de Sainte-Marie et la persistance avec laquelle le clergé grec en a toujours exigé le maintien au même endroit, indique bien que le souvenir de sa véritable destination s'est perpétué jusqu'à nos jours. Quant au mur occidental de la chapelle de Sainte-

Marie, il paraît ancien. On le retrouve dans le plan de 1596. Ce qui reste douteux c'est la porte que nous supposons entre le porche et la chapelle. Le simple bon sens suffit pour la justifier. Elle devait être suivie ou précédée de plusieurs marches destinées à racheter la différence de niveau que nous avons supposée entre le sol du porche et celui de la chapelle. Nous les plaçons à l'intérieur de la chapelle, laissant au porche son caractère de narthex.

On peut dire, en résumé :

1º Que la portion du grand escalier *à ciel ouvert* indiquée sur le plan de 1596 a existé jusqu'à la fin du xviiie siècle et vraisemblablement jusqu'en 1817 (comte de Forbin).

2º Que cet emmarchement était un reste de *l'escalier de 30 marches* signalé par Edrisi comme aboutissant à la Porte Sainte-Marie.

Après le murage de la *Porte Sainte-Marie* et de la *Porte occidentale*, on ne conserva plus, pour pénétrer dans l'Église du Saint-Sépulcre, qu'une seule des grandes portes *méridionales*, sur les côtés de laquelle siégeaient les gardiens musulmans chargés de percevoir la taxe des pèlerins. Les deux massifs de maçonnerie sur lesquels se tenaient les percepteurs se sont maintenus jusqu'en 1867, et ce fut sous l'un d'eux qu'on découvrit la pierre sépulcrale de *Philippe de Aubingny*. Ce massif est indiqué sur le plan de Bernardino Amico.

Quant aux dépendances qui forment aujourd'hui le petit couvent latin du Saint-Sépulcre, il semble qu'en 1154, époque de la toute-puissance des Francs, elles n'étaient pas en la possession du clergé occidental, puisque la *chapelle de Sainte-Marie* qui faisait suite à ces dépendances s'appelait « *chapelle des Grex* », ainsi qu'on le verra plus loin.

Les plans publiés depuis le xvie siècle indiquent derrière la Porte de Sainte-Marie un petit escalier en équerre qui existe encore et qu'on voit figurer sur les plans relevés en 1870 par les P. Franciscains.

Cet escalier pourrait ainsi remonter à l'époque où les pèlerins logés dans les bâtiments de *l'Asnerie* avaient été, de nouveau, autorisés à visiter le Saint-Sépulcre et pénétraient dans l'Église « *par une porte située rue du Patriarche* ». Cette porte serait alors celle de Sainte-Marie.

*
* *

Il est de tradition parmi les chrétiens de Jérusalem qu'un morceau de la Vraie Croix fut vénéré dans la chapelle de Sainte-Marie jusqu'en 1557. On retrouve la trace de cette tradition dans un récit de 1187 que nous empruntons au « *Pèlerinage de la Sainte Terre* » :

« *...De l'autre part à l'entrée du Saint-Sepulcre, si a XLII degrés jusques à la chapelle des Grex dans laquelle solait être la sainte Vraie Croix qui fut trovée,* et *l'Image de Nostre Dame qui parla a Marie l'Égyptienne* et la convertit. »

Ce passage peut donner lieu à une double interprétation. L'auteur veut-il parler de l'entrée *du Tombeau* ou de l'entrée de *l'Église* du Saint-Sépulcre ? Dans le premier cas les « *XLII degrés* » pourraient s'appliquer à l'escalier de la chapelle souterraine de Sainte-Hélène. Dans le second cas le texte designerait l'escalier d'Edrisi et la chapelle de Sainte-Marie.

Cependant cette *chapelle des Grex dans laquelle solait estre la sainte Vraie Croix* et où l'on voyait en *1187* l'image de *Nostre Dame* paraît bien être la même chapelle dont parle Sæwulf, en *1102*, quand il dit :

« *...In lateribus vero ipsius ecclesiæ [Dominici Sepulcri] duæ capellæ sibi adherent præclarissimæ, hinc indè; Scæ Mariæ scilicet Sci que Johannis, in honore, sicut ipsi participes Dominicæ Passionis sibi in lateribus constiterunt hinc indè. In muro autem occidentali ipsius capellæ Sanctæ Mariæ conspicitur imago ipsius Dominici genitricis perpicta exterius, quæ*

Mariam Egyptiacam..... loquendo mirifice consolabatur. »

S'il existait encore un doute le mot « *exterius* » suffirait pour l'écarter. Il semble indiquer que le mur occidental de la chapelle donnait sur un espace libre qui ne serait autre que le ciel ouvert de l'escalier d'Edrisi ou encore l'espace même occupé par le porche byzantin.

C'est ainsi que nous interprétons ce passage. Quant aux XLII degrés, ils s'expliquent aussi facilement, soit qu'on adopte le tracé de notre plan, soit qu'on suppose les degrés complémentaires de l'absidiole comme déjà existants à cette époque.

On peut admettre qu'en 1187 les Grecs, toujours habiles à défendre leurs intérêts, aient voulu se débarrasser d'une servitude en suggérant l'idée d'établir un emmarchement dans l'absidiole. Cette disposition nouvelle supprimait le droit de passage par la chapelle de Sainte-Marie. Les mots du texte de 1187 : « *...dans laquelle solait être la sainte Vraie Croix...* » correspondent à ceux du texte de 1784 :

« *...dove si trova un pezzo del santo legno...* » Ce double texte désigne la chapelle de Sainte-Marie. Les XLII degrés du texte de *1187* correspondent aux 30 degrés d'Edrisi augmentés des 11 ou 12 degrés du dessin de Bernardino Amico (1596).

Il faudrait donc placer entre *1154* et *1596* le percement de la porte de l'absidiole du Nord, ainsi que la création des degrés qui la précèdent.

Si l'on prend à la lettre les mots : « *...Si a XLII degrés jusques à la chapelle des Grex...* » on peut encore supposer que, du seuil de la Porte Sainte-Marie au sol de la chapelle Sainte-Marie, il y avait 42 marches. En outre si l'on admet que le sol de la chapelle Sainte-Marie n'ait pas été modifié, il faut ajouter aux 42 marches ci-dessus les quatre qui se trouvent aujourd'hui à l'issue de la chapelle, ce qui porterait à 46 le nombre total des marches à franchir pour atteindre le sol de la rotonde, et donnerait à chacune d'elles une hauteur représentée par $\dfrac{9^{m}.05}{46} = 196^{mm}$, hauteur reduite très acceptable.

La date de 1154 correspond à peu près à celle des grands travaux de la *cour du Compas* et les Grecs en auront profité pour obtenir le percement de la porte ci-dessus, afin de s'affranchir d'une servitude dont ils redoutaient la prolongation pour l'avenir de leur possession.

Nous trouvons la l'origine de cette lutte sourde des deux clergés latin et grec qui s'est perpétuée jusqu'à nos jours. Pour conquérir une place convoitée dans l'édifice sacré, on procède par ruse; par approches. On creuse, sans bruit, un trou dans un mur, jusqu'à ce que ce trou devienne porte et quand la porte est achevée on réclame le *droit* de passage. De là toutes les querelles dont les Lieux Saints ont été le prétexte, depuis des siècles. Les spoliations réciproques des clergés sont en raison directe de l'influence politique des États européens qui les protègent. Sous ce rapport les Grecs n'ont pas eu à se plaindre, depuis le jour où, profitant des embarras de la France, ils incendièrent la coupole du Saint-Sépulcre et infligèrent à l'édifice les mutilations de *Komninos*. Le nom de ce Grec moderne mérite d'être placé à côté de celui d'Erostrate. C'est ici le lieu de faire remarquer que *Komninos* ne mutila que les parties intérieures de l'édifice qui peuvent être attribuées à l'époque des Croisades et qu'il respecta ce que les Croisés eux-mêmes conservèrent de la façade méridionale, après l'érection du clocher. Et cette réserve observée par *Komninos* prouverait encore que le clergé grec de Jérusalem savait que la façade méridionale était une œuvre byzantine antérieure à la prise de Jérusalem. Nous ne savons à quelle époque la chapelle de Sainte-Marie est devenue latine; mais, ce qui précède donne la raison de la persistance avec laquelle les Grecs se sont toujours opposés au déplacement de la *cuve-baptismale*. Ce monument, reste, pour eux, comme le témoin d'une possession antérieure.

3

Les mots : « *où solait estre la sainte Vraie Croix* », prouvent, en outre, qu'en 1187, on vénérait déjà un fragment de la Vraie Croix dans la *chapelle des Grex*. L'Image « *extérieure* » dont parle Sæwulf devait être en mosaïque et il doit en subsister quelques traces.

En *1787* Giovanni Mariti parlant des deux petits autels de la *chapelle de Sainte-Marie*, disait :

« ... *Quello in cornu Evangelii dedicato alla Santa Croce e ivi si conserva tal reliquia, custodiva si gia in questo Stesso altare un ricco reliquiario con un grosso pezzo del Santo Legno* ».

Plus loin Mariti ajoute :

« ... *Nell altro altare, in cornu Epistolæ vi è uno pezzo della colonna alle qualé fu flagellato Nostro Signore. . . . . . Circa la fine del Secolo VII detta colonna era nello stesso luogo come si ha d'all itinerario del Vescovo Arculpho scritto a relazione del Medesimo da Adamnano abate* ».

C'est donc bien la *chapelle de Sainte-Marie* que désigne ce texte et l'on voit qu'en *1187* à la veille de la chute du royaume franc, cette chapelle était aux mains des *Grex* qui n'en auraient point été dépossédés après la prise de Jérusalem par les Croisés.

« *De l'autre part à l'entrée du Saint-Sépulcre* » doit donc s'entendre de l'entrée méridionale de l'église et les XLII degrés indiquent le nombre de marches qu'il fallait franchir pour descendre de la rue du Patriache dans la rotonde du Saint-Sépulcre.

Ces XLII degrés comprenaient :

1º L'escalier de 30 marches ;

2º Les 11 ou 12 marches complémentaires qui pouvaient être situées à l'entrée de la chapelle de Sainte-Marie, comme nous l'avons supposé, ou bien dans l'abside Nord de la rotonde, comme on les voit indiquées sur le plan de Bernardico Amico.

La chapelle des « *Grex où solait estre la sainte Vraie Croix*,

ne serait donc pas la même chose que l'église souterraine
où « *Madame Sainte-Hélène trova la Vraie Croix* » et à laquelle
on accédait aussi par un escalier de *XL marches*. (Basile,
pèlerin russe en 1465).

Du viie siècle jusqu'à nos jours, la tradition s'est donc
maintenue sans interruption et l'on voit que l'abbé Mariti
n'hésite pas à faire remonter la fondation de la chapelle
Sainte-Marie au viie siècle. Il s'appuie sur le récit de Saint-
Arculphe (670) confirmé, 50 ans plus tard, par celui du vénérable Bède (720). Arculphe, en 670 disait déjà :

« *Illi rotundæ ecclesiæ... quæ est Anastasis... a dextrà
cohæret parte, S. Mariæ Matris domini, quadrangulata ecclesia.* »

En 720, Bède répétait :

« *. .a dextrà autem parte huic ecclesiæ (Sancti Sepulcri)
cohæret beate Dei genitricis, ecclesia quadrangula.* »

La chapelle qui, dès le viie siècle, *adhérait, à droite,* à la
rotonde du Saint-Sépulcre, ne peut être que la chapelle de
Sainte-Marie.

Du viie au xiie siècle on ne mentionne aucune chapelle sur
le *côté gauche* de la rotonde. Il faut pour en trouver une mention arriver à 1102, époque à laquelle se rapporte le récit du
moine Sæwulf. Il décrit avec soin les sanctuaires qui entou-
raient alors le Saint-Sépulcre, et son récit est d'autant plus
précieux qu'il donne l'état des édifices sacrés tels qu'ils étaient
au moment de la prise de Jérusalem par les Croisés, avant les
travaux exécutés pour transformer en église annexe de la
rotonde l'espace que nous appelons la *cour du Compas*, en
souvenir de l'*ombilic* qui se voyait alors contre le mur du
chevet de la rotonde.

Après avoir dit :

« *In lateribus ipsius ecclesiæ (Sancti Sepulcri) duæ capellæ
adherent hinc indè* », Sæwulf ajoute :

« *Ita compositæ ut quilibet in ultimà stans ecclesià, omnes
quinque perspicere potest per ostium ad ostium :*

Sud
- I. Ecclesia Sancti Jacobi.
- II. Locus Baptisterii.
- III. Sancti Johanni Ecclesia.

- IV. Ecclesia Sancti Sepulchri.

Nord
- V. Ecclesia Sanctæ Mariæ

C'est ici que nous voyons apparaître les chapelles du Sud qui, signalées par Sæwulf en 1102, sont nécessairement antérieures à la prise de Jérusalem par les Croisés.

Pour qu'un spectateur placé dans la chapelle de Saint-Jacques pût apercevoir « *per ostium ad ostium* » la chapelle de Sainte-Marie située vers le Nord, à une distance de 70 à 75 mètres, il fallait nécessairement que les portes des chapelles situées *hinc indè* de la rotonde fussent, à peu près, sur une même ligne, et cette disposition sert à démontrer que la chapelle la plus éloignée — *ecclesia Sanctæ Mariæ* — est bien celle que mentionnent Arculphe et Bède comme étant adhérente au côté droit de la rotonde.

Des quatre chapelles qui accostaient ainsi la rotonde du Saint-Sepulcre, au commencement du XIIᵉ siècle, la plus ancienne de beaucoup est donc la chapelle de Sainte-Marie, puisqu'elle est la seule dont il soit fait mention dès le VIIᵉ siècle. C'est aussi ce que semble démontrer l'étude du monument.

L'âge des chapelles du Sud est moins facile à déterminer. Sæwulf est, croyons-nous, le premier qui en parle. Il décrit des édifices antérieurs au siège de Jérusalem. Il donne l'état des Lieux Saints avant l'erection du clocher que les Croisés édifièrent sur l'emplacement de la chapelle Saint-Jean, en mutilant la façade méridionale de l'Eglise du Saint-Sépulcre. La coupole du Baptistère, contigu à la chapelle Saint-Jean et dont l'amorce est encore visible, pourrait servir de guide. Elle reposait sur quatre trompes d'angle destinées à faciliter le passage du plan carré de la chapelle au plan circulaire de la coupole. Elles ont jusqu'a nos jours conservé les peintures dont les premiers constructeurs les avaient ornées. Cette disposition essentiellement orientale permettrait d'attribuer au xie siècle la construction de ce groupe de chapelles.

Si l'on rapproche ce que nous disons là de la découverte faite en 1867 de la niche absidale de la chapelle des Patriarches, établie dans le contrefort ouest du tambour de l'ancienne coupole du Saint-Sépulcre (1), on doit en conclure que le grand bâtiment du Palais Patriarcal peut aussi remonter au xie siècle, puisque cette partie de la rotonde était antérieure à la prise de Jérusalem par les Croisés.

Le départ entre les chapelles du Sud, le couvent de la Trinité et le mur à arcades qui décorait un côté du parvis présente les mêmes difficultés.

Tous ces édifices sont postérieurs à la destruction de la basilique de Constantin par les Perses et le beau chapiteau que l'on voit à l'angle du Parvis et de la chapelle Saint Jacques n'est peut être qu'un remploi, car on en trouve de semblables dans la chapelle souterraine de Sainte-Hélène et aussi à l'intérieur de la mosquée El-Aksa. On pourrait cependant les classer ainsi qu'il suit :

1° Le couvent grec de la Trinité et les chapelles du Sud ;

2° L'enceinte du parvis avec les arcades dont il ne reste qu'une amorce et plusieurs bases de colonnes ;

3° La façade méridionale de l'Église du Saint-Sépulcre qui est, comme les chapelles, antérieure à la prise de Jérusalem par les Croisés ;

4° Enfin le clocher des croisades ; mais, pour établir cet ordre avec l'autorité de preuves indiscutables et assigner à chaque groupe la date précise qui lui appartient, il faudrait faire, sur place, une étude longue et minutieuse que nos occupations d'autrefois ne nous ont pas permis de faire On

---

(1) Nous avions autrefois transporté à Sainte Anne ce précieux document historique. Nous ignorons s'il a été conservé par les détenteurs actuels de ce domaine français.

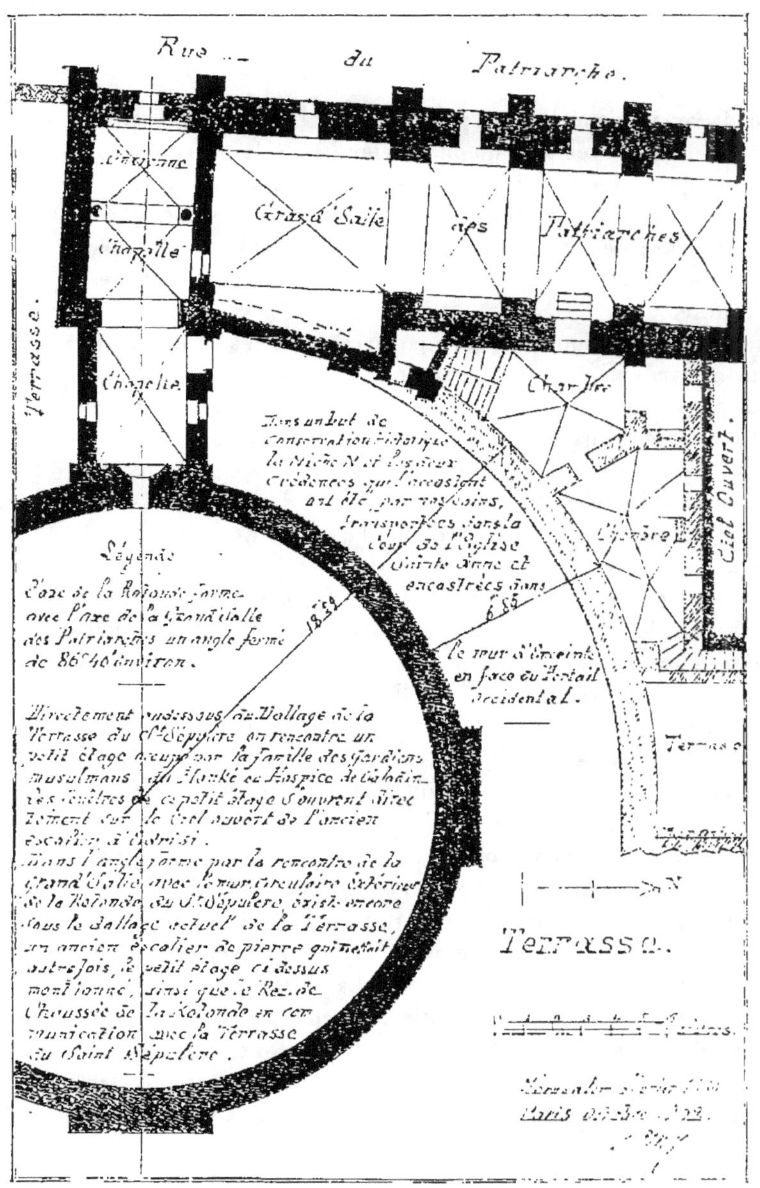

Église du Saint Sépulcre
Plan de l'ancienne Chapelle des Patriarches
démolie en partie, en 1867.

a dit avec raison que les pierres parlent, et ce serait en les interrogeant avec soin qu'on parviendrait à leur arracher un témoignage dont la sincérité ne pût être mise en doute.

Ainsi on reconnaîtrait, ce qui paraîtra singulier, que le mur à arcades, du parvis, dont il reste le beau chapiteau mentionné plus haut, doit être *postérieur* au monastère de la Trinité.

La construction indique, a la jonction de ces deux parties, un déharpement d'où il résulte que c'est le mur a arcades qui s'appuyait sur le mur du monastère. Ce fut une constatation de ce genre qui nous permit, autrefois, de reconnaître que la façade de l'Église Sainte-Anne est postérieure aux parties orientales de cette église.

Admettons, ce qui est probable, que les démolisseurs de Hakem n'aient rempli qu'en partie leur fanatique mission; ils s'attaquèrent à la partie antérieure de l'Eglise Sainte-Anne. Ils détruisirent la façade occidentale primitive et la travée contiguë. Une circonstance inconnue a fait que la destruction s'est arrêtée là. Hakem mort, l'Empereur de Byzance obtient d'un successeur plus clement l'autorisation de relever les édifices détruits. C'est alors, vers 1050, qu'on élève la façade actuelle de l'Église du Saint-Sépulcre; celle de l'Église Sainte-Anne, et peut-être le petit portail de la Porte Sainte-Marie. Les voussoirs ondulés des archivoltes de ces trois ouvrages déterminent l'époque de leur exécution. Ils paraissent être contemporains et cela reporte au commencement du XI⁰ siècle, ou même à la fin du X⁰, la construction de la *partie orientale* de l'Église Sainte-Anne. La sculpture, la construction, la coupole qui s'élève directement au dessus des pendentifs, nous avaient déjà conduit à cette conclusion.

A l'intérieur de Sainte-Anne la brisure des arcades est a peine sensible, mais elle existe partout. A la porte principale de l'Église et a la fenêtre qui la surmonte, la brisure est plus franche. C'est donc entre le VIII° siècle et la fin du X° siècle que l'arc brisé s'est acclimaté a Jérusalem; car on verra plus

loin que les ouvertures primitives de la Mosquée d'Omar
étaient en plein cintre et extradossées régulièrement selon
la méthode romaine.

*

Si l'archivolte de la porte Sainte-Marie est de la même
époque que la façade méridionale du Saint-Sépulcre elle est
antérieure à la prise de Jérusalem. Cependant le dessin particulier des chapiteaux qui les soutiennent, permettrait encore
de supposer que cette archivolte *dont l'ensemble forme avant-
corps*, a pu être construite pour orner une porte plus ancienne
à l'époque des grands travaux exécutés par les Francs dans
la *cour du Compas*. La porte actuelle de Sainte-Marie est un
placage édifié contre le mur extérieur du grand bâtiment
patriarcal.

L'appareil, la forme des arcades, les signes lapidaires
ou marques de tâcherons, les traces laissées sur les pierres
par l'outil des ouvriers, sont des moyens d'appréciation qui
permettent de reconstituer l'état civil des anciens édifices.
L'observation des signes lapidaires et celle des traces laissées par la laye des tailleurs de pierre étaient recommandées
par Viollet-le-Duc dès 1854, et, croyons-nous, avant lui par
le savant archéologue M. de Caumont. Malheureusement les
documents que nous possédons, quoique nombreux, sont
encore trop incomplets.

Il nous suffit, pour le moment, d'avoir pu reconnaître que
la fondation de la chapelle de Sainte-Marie remonte au moins
au VIIe siècle, ce qui la fait contemporaine des restaurations
du patriarche Modeste ; ensuite, que la date la plus éloignée
de nous, qu'on puisse attribuer aux chapelles du Sud, paraît

être le xɪe siècle auquel nous rapportons la façade méridionale

Porte Sainte-Marie.

du Saint-Sépulcre, laissant aux Croisés ce qui leur appartient :
la construction du chœur et de la petite coupole qui le sur-

monte; celle du clocher et la lourde responsabilité qu'ils ont
assumée en mutilant la façade méridionale du xi⁰ siècle.

Il n'est pas douteux que, dans l'origine, les trois absides
de la rotonde aient dû servir de chapelles ; mais par suite de
cette tendance à l'envahissement qu'on retrouvait en France
autour de nos vieux monuments publics, elles ont été détour-
nées de leur destination primitive et transformées soit en
logis, soit en passages.

C'est pourquoi l'abside du Nord se trouve partagée en
deux par un mur de séparation; et pourquoi aussi elle a été
percée d'une porte donnant accès aux dépendances communes
de la rotonde du Saint-Sépulcre. *La porte primitive doit exister
sur un autre point du mur de la rotonde.* Toute la galerie
inférieure a été peu a peu envahie. Chacune des communautés
chrétiennes en a pris une portion et y a installé qui des
magasins, qui des chambres à coucher. Autrefois cette galerie
était libre de toutes ces vulgarités qu'on couvre du voile de
la piété et qui déshonorent l'édifice où elles s'étalent. La foule
des pèlerins pouvait, les jours de grande fête, s'épandre sous
les voûtes de ce portique, et la rotonde ainsi débarrassée
d'annexes parasites devait avoir un aspect grandiose qu'elle
ne peut plus avoir aujourd'hui. C'est ainsi que Van Bruyn
nous la représente. C'est ainsi que Chateaubriand nous la
décrit. Les lourds piliers de Komninos ont déshonoré
l'édifice.

Les artistes, les gens de goût ne cesseront de déplorer que
la politique étroite qui s'agite autour du Saint-Sépulcre ait été
un obstacle à la restauration complète de ce magnifique
monument.

Les Grecs ne pouvaient, logiquement, s'y opposer, puisqu'en
rendant la rotonde à ses formes premières on rétablissait
l'œuvre d'un des empereurs de Byzance. Et le Gouvernement
français, en s'associant à cette restauration, aurait donné une
preuve nouvelle de bon goût, de tolérance et d'impartialité.

Si, maintenant, nous supposons ornée de son autel, l'abside

nord de la rotonde du Saint-Sépulcre, il faut chercher ailleurs
l'issue qui, de ce côté, donnait accès à la rotonde quand on
avait parcouru les 30 marches de l'escalier d'Edrisi.

La grandeur de cet escalier et l'importance monumentale
du porche byzantin nous ont conduit à supposer que la chapelle de Sainte-Marie a dû servir de passage pour pénétrer
dans l'Église du Saint-Sépulcre, et c'est pour s'affranchir
d'une servitude gênante, que le clergé grec aura provoqué le
le percement de la porte qui s'ouvre si gauchement, aujour-
d'hui, au fond de l'abside nord de la rotonde.

Les destructeurs de villes laissent toujours subsister
quelques fragments des édifices qu'ils renversent.

Titus qui a brûlé le Temple des Juifs n'a pu, cependant, en
anéantir toutes les dépendances ; car le Haram-es-Chérif
actuel est encore circonscrit par les mêmes murailles qui
servaient d'enceinte au Temple, au moins dans leur œuvre
basse. On pourrait donc, en cherchant bien aux alentours du
Saint-Sépulcre, découvrir les restes du troisième mur indiqué
par saint Arculphe qui a pu se tromper en l'indiquant circulaire.

Il est probable que la rotonde n'a jamais été complètement
détruite. Les parties basses du mur extérieur où l'on rencontre
des assises de briques doivent appartenir aux constructions
primitives.

Nous ne pensons pas, comme l'admet M. l'abbé Michon,
que le porche byzantin puisse être attribué au ive siècle, car,
à cette époque, les formes classiques étaient encore en
honneur. On peut citer, comme exemple local la basilique de
Beit-Lehm que les uns attribuent au ive siècle et les autres
au vi^e. La seconde date serait un *a fortiori*.

M. Michon considère le mur nord comme étant un *mur
byzantin*, plus ancien que le grand bâtiment patriarcal. Cette
opinion n'est pas à dédaigner. Elle permettrait de supposer
qu'à une certaine époque, la *Porte Sainte-Marie* se trouvait, à
peu près, dans le même alignement que la *Porte occidentale*, et

qu'après la construction du grand bâtiment qui longe la rue du
Patriarche elle aurait été reportée à l'endroit où nous la voyons
aujourd'hui ; mais toujours dans l'axe de l'escalier d'Edrisi.

Entrée du Porche byzantin.

Seule, la *Porte occidentale* resta dissimulée au fond du
magasin grec où nous avons constaté son existence. C'est dans
la partie inférieure du mur byzantin ci-dessus que l'on rencontre des assises de briques. A Jérusalem la brique est une

rareté. On en trouverait peut-être d'autres vestiges dans la partie haute du mur nord de la galerie dite *des Sept arceaux.* D'après M. Michon, les arceaux sont au nombre de huit.

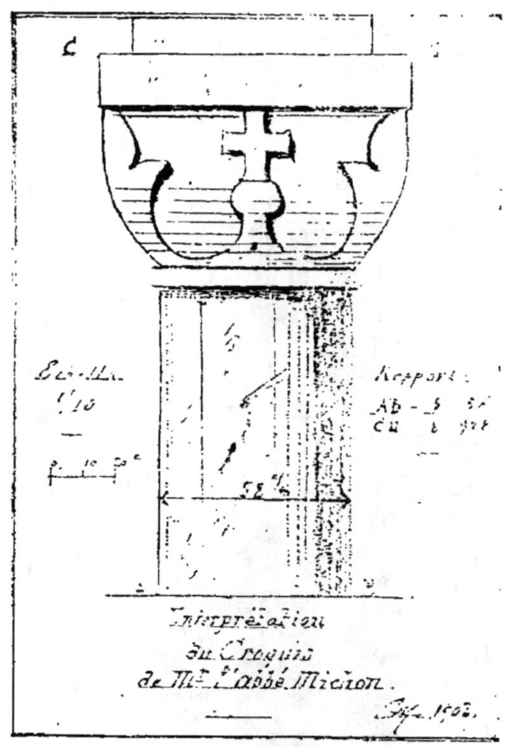

Chapiteau d'une des colonnes du Porche byzantin.

Nous retrouvons ici l'influence du nombre *sept* plus puissante que l'exacte vérité. Remarquons pour finir que Sæwulf, *en 1102,* signale à côté de la chapelle Saint-Jean le monastère de la Trinité, dont dépendait le baptistère qui nous a servi à établir l'âge approximatif des chapelles du Sud.

Tout le groupe d'édifices compris entre le Parvis et la rue
du Patriarche paraît donc être bien antérieur aux Croisades,
et l'on serait assuré d'y faire des découvertes intéressantes
pour l'art ou l'archéologie si le clergé grec qui en est détenteur consentait à en autoriser l'examen et l'étude.

Jérusalem, 1869 :

Paris, août 1884-octobre 1902.

APPENDICE

Pour montrer à quel point la question des piliers de la rotonde du Saint-Sépulcre nous a toujours préoccupé, nous croyons utile de reproduire le texte d'une lettre adressée *en 1869* à M. Auguste Salzmann, l'artiste éminent et consciencieux auquel nous avions confié la décoration de la grande coupole du Saint-Sépulcre.

Notre ami s'était attaché à son œuvre avec une telle passion qu'il nous pressait toujours de provoquer une entente des trois gouvernements en vue d'obtenir l'autorisation d'étendre la décoration commencée *jusqu'aux parties inférieures* de la rotonde, *maintenues dans leur forme actuelle.*

L'idée pouvait paraître séduisante parce qu'on obtenait ainsi un travail d'ensemble complet; mais une raison d'art, absolument supérieure, s'opposait à ce que je fisse les démarches qu'on attendait de moi. Craignant même de voir prendre, à cet égard, une décision prématurée, j'écrivis à M. Salzmann la lettre suivante dont la copie s'est retrouvée dans un des dossiers de cette affaire. Nous la livrons au public pour bien faire comprendre l'importance artistique de la question.

Réponse à une lettre de M. Auguste Salzmann.

Jérusalem, février 1869.

. . . .

« Un passage important de votre lettre me fait craindre que, dans vos conversations avec les personnes qui s'intéressent à nos travaux, vous n'ayez pas présenté la question de la

restauration de la rotonde du Saint-Sépulcre dans la forme
que je voudrais, pour le bien de cette œuvre. Si l'on me fait
l'honneur de me consulter, je combattrai à outrance l'idée de
la décoration du monument *tel qu'il est.*

« Consacrer par des peintures artistiques les mutilations
infligées à la rotonde par le maître-maçon Komninos en haine
des Occidentaux serait une erreur grave, une faute de goût.
Dans une question de cette nature, c'est l'idée architecturale
qui doit l'emporter.

« Les peintures les plus remarquables ne parviendront
jamais à masquer la grossièreté du procédé employé en 1808
pour remplacer par de lourds piliers les colonnes qui existaient avant l'incendie *et qui doivent encore exister sous le
moellon qui les enveloppe.* Il n'est pas possible qu'après nous
avoir mis à même d'entreprendre une restauration de cette
importance on contraignît les architectes à mettre une queue
de poisson au corps qu'ils viennent de créer.

« Si l'on admet que la rotonde du Saint-Sépulcre soit antérieure aux Croisades, et cela est maintenant certain, il faut lui
rendre ses formes primitives. L'idée de cette restauration ne
peut qu'être agréable aux Grecs, puisque, en la réalisant, on
rétablirait une œuvre de leurs ancêtres.

« On commence à pouvoir lire couramment ce livre de pierre
qu'est l'Église du Saint-Sépulcre. Son histoire est, maintenant, mieux connue qu'en 1808, et il est probable qu'aujour-
d'hui les Grecs mieux inspirés ne commettraient plus la
faute qu'ils ont commise il y a 60 ans.

« On pourrait profiter de l'entente qui existe entre les trois
gouvernements pour essayer de rendre à la galerie inférieure
de la rotonde son ancienne disposition. Elle est aujourd'hui
envahie par des chambres sales et obscures qui servent de
magasins ou de dortoirs aux différentes communautés. Elles
occupent la place de la vaste galerie qui formait le collatéral
de la rotonde, absolument comme le fait encore la galerie du
premier étage.

« Décider les clergés à abandonner ces réduits malsains
pour rendre la galerie à la circulation des pèlerins, telle
serait la concession à obtenir. J'avoue, entre nous, que je ne
crois pas la chose aisée dans un pays où l'on s'habitue vite à
considérer comme une propriété légitime ce qui n'est souvent qu'un empiètement sur le voisin.

« On peut facilement se faire une idée de l'aspect grandiose
que présenterait la rotonde avec sa galerie inférieure rendue
à la circulation et ses anciennes colonnes dégagées de la
maçonnerie qui les cache aujourd'hui.

« Vous n'ignorez pas que Chateaubriand est le dernier voyageur qui les ait vues et décrites.

« Il a fallu les idées étroites qu'engendrent les rivalités reli-
gieuses de ce pays pour entraîner les Grecs à altérer, a ce
point, l'antique et belle ordonnance de la rotonde.

« Les Grecs sont, d'ailleurs, les premiers à souffrir de toutes
ces mutilations ; car, lors des fêtes annuelles de la Pâque, et
quand la rotonde est inondée de pèlerins, ces pauvres gens
s'écrasent littéralement contre les piliers et autour du Saint
Edicule, quand ils pourraient si facilement et sans danger
s'épandre sous les voûtes de la galerie inférieure.

« Ce n'est pas, d'ailleurs, la première fois que la question
d'une restauration complète de la rotonde est agitée ; car dans
le premier rapport envoyé aux ambassades par les deux
architectes, nous avions signalé le mauvais effet des piliers
qui enlèvent toute grâce à l'édifice et exprimé notre regret de
ne pouvoir les rétablir dans leurs formes anciennes. En
acceptant le maintien des piliers actuels nous n'avions en vue
que leur résistance matérielle jugée suffisante pour suppor-
ter le poids de la coupole, et aussi les retards que devaient
entraîner de nouvelles négociations. D'ailleurs ce n'était
qu'après l'achèvement du tambour et des peintures de la
coupole qu'on pouvait juger du contraste qui existe entre les
travaux neufs de la partie supérieure et l'état actuel des parties inférieures de la rotonde.

5

« Pour nous autoriser à faire d'autres propositions, il fallait attendre que l'effet se produisît aux yeux de tous. Chacun regrette, aujourd'hui, l'interruption des travaux et l'on ne peut comprendre les raisons qui se sont opposées à la restitution intégrale de l'édifice.

« Les données de la Restauration étaient entre nos mains.

« Sans parler des vieux habitants de Jérusalem qui ont connu l'ancienne disposition, nous possédions, ce qui vaut mieux, les descriptions de Deshayes, de l'abbé Mariti et de Chateaubriand, et surtout les dessins de Bernardino Amico, en 1596, et ceux de Van Bruyn en 1680. Ce sont eux qui ont permis à M. le comte de Vogüé d'offrir au public, dans son livre des *Églises de Terre Sainte* une restauration de la rotonde du Saint-Sépulcre telle qu'elle était avant les mutilations de 1808.

« Il suffit de comparer l'état ancien à l'état actuel pour comprendre l'avantage qu'il y aurait à rétablir, dans son entier, l'œuvre de Constantin Monomaque.

« La décoration des piliers actuels aurait pour résultat de consacrer a tout jamais l'erreur commise en 1808. C'est pourquoi, mon cher Salzmann, je combattrai de toutes mes forces l'idée que vous me soumettez Et je m'y opposerai avec une énergie d'autant plus grande que l'on a préparé, je le sais de source certaine, tout un projet somptueux dont le but est de dénaturer plus profondément encore l'architecture du chœur des Croisés. Ce projet, pour l'instant endormi, se réveillera un jour. S'il se réalise, les Grecs du xixe siècle se montreront inférieurs aux Turcs du xve, qui ont respecté la grande Sainte-Sophie, la petite Sainte-Sophie et toutes les églises byzantines qui couvrent le sol de l'Empire ottoman. Je vous parle en artiste. Les Grecs veulent agir en politiques. Mais ce n'est pas en démolissant des pierres qu'on supprime un fait historique comme celui des Croisades — qu'on étouffe une idée.

«L'incendie du Temple n'a pas détruit le royaume d'Israel. La Rome de Titus a disparu. Israel est debout et la persistance avec laquelle il vient chaque vendredi, prier devant les pierres de l'antique Enceinte prouve qu'il n'a jamais désespéré de rentrer en possession de la Roche Sacrée (1).

« Est-ce que les Croisés ont démoli la belle façade qui domine le parvis du Saint-Sépulcre? N'est-ce pas assez d'avoir à leur reprocher la brèche qu'ils y ont si brutalement ouverte pour édifier leur clocher? Si les Grecs ont le sens des choses d'art, ils devraient, au contraire, restituer à leur chœur, ses formes d'autrefois. Qu'ont-ils à craindre soutenus et protégés comme ils le sont? Ne savent-ils pas que toutes les revendications dont l'ancien royaume franc est le prétexte sont purement platoniques. Si une armée de nouveaux Croisés doit encore s'élancer sur la Palestine, pour soustraire les portes du Saint-Sépulcre à un gardiennage que les Chrétiens jugent humiliant, tout indique que ce n'est pas l'Occident qui en fournira les soldats. Avec la certitude d'un pareil avenir quel inconvénient peut-on trouver à rétablir l'architecture du xiie siècle telle que Chateaubriand a pu encore l'admirer en 1808.

« Nous verrions reparaître et les fines colonnettes, et les curieux chapiteaux. Cela vaudrait mieux que tout ce qu'on nous prépare.

(1) D'après Moudjir-ed-Din (traduction Sauvaire, p. 43) ce fut un homme nommé *Abou-Ishâq* qui indiqua à Omar l'emplacement exact de la *Sakrah* (Roche Sainte), et ce fut au-dessus de cette roche qu'Abd-el-Malek-ebn-Merwân, édifia, à la fin du viie siècle la belle mosquée que le monde connaît.

En plaçant sous la protection de la religion nouvelle, fille du Judaisme, le lieu même où s'élevait le Temple, 550 ans auparavant, cet *Abou-Ishâq* dont le nom est significatif, fit preuve d'une extraordinaire habileté. Grace à lui la connaissance de l'emplacement exact du Temple bâti par Hérode s'est perpétuée jusqu'à nos jours. Les *fondations* de l'enceinte extérieure sont restées les mêmes qu'au temps de Titus.

Si un jour, les circonstances redevenaient favorables, la nation juive, aujourd'hui dispersée, pourrait donc encore venir se grouper autour du vieux sanctuaire relevé de ses ruines. Ce serait là pour un jeune maître, et même pour un vieux, l'occasion d'une belle restauration.

« En ce qui concerne la rotonde, en particulier, rien ne peut excuser le procédé brutal employé en 1808 pour dénaturer un édifice qu'on avait toutes raisons de conserver intact. Les Grecs ont, sans qu'ils s'en doutassent, amoindri leur propre héritage puisqu'il est prouvé que la rotonde actuelle remonte au moins au XIe siècle.

« Réfléchissez, mon cher ami, à tout ce que je viens de vous exposer et vous serez le premier à renoncer au projet dont vous m'entretenez dans votre dernière lettre. »

Jérusalem, février 1869.

Paris, octobre 1903.

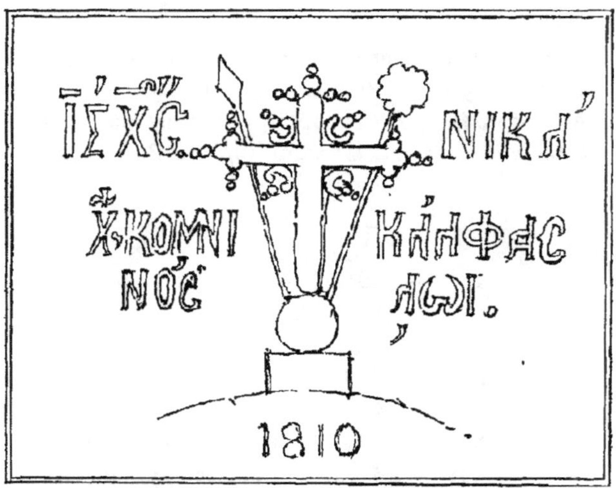

Inscription de Komninos au-dessus de l'Arcade impériale.

II

RECHERCHE
DE LA
MESURE OUVRIÈRE DE LA ROTONDE
DU
SAINT-SÉPULCRE
ET
CONSÉQUENCES DE CETTE RECHERCHE

———

La mesure ouvrière de la rotonde du Saint-Sépulcre semble avoir été le pied de *365*mm,*714* qui vaut 2/3 de la célèbre coudée perse de *518*mm,*571*, adoptée par Florence sous le nom de *Braccio des constructeurs,* et 10/9 du Pied royal de la Perse antique.

$$\frac{640^{mm}}{VII}$$

I	—	91,4285.
II	—	182,857.
III	—	274,285.
IV	—	*365.714.* Pied du Saint-Sépulcre.
V	—	457,142.
VI	—	*548,571.* Braccio de Florence.
VII	—	640. — Coudée égyptienne.
VIII	—	731,428.
IX	—	822,857.
X	—	*914,285.* Yard des Anglais.
XI	—	1005,714.
XII	—	*1097,142.* Vara du Portugal.

* *

Le pied de *365*mm,*714* vaut donc :

4/7 de *640*mm. Coudée pratique de l'Égypte arabe.
4/5 de *457,142*. Coudée anglaise et des Indes.
2/3 de *548,571*. Coudée perse et braccio de Florence.
2/5 de *911,285*. Yard anglais.
5/9 de *658,285*. Grande coudée royale perse.
10/9 de *329,142*. Pied royal perse.
64/63 de *360,00*. Pied des Briques de Karnak (Choisy).
32/27 de *308,571*. Pied de l'Égypte antique et du Parthénon.
1/3 de *1097,142*. Vara du Portugal.

* *

On ne peut d'ailleurs, hésiter, pour cette unité, qu'entre le pied de 360mm, qui est celui des Briques de Karnak (Choisy), et le pied de 365mm,714. Les mesures relevées semblent décider en faveur de ce dernier. Le rayon du mur extérieur de la galerie de la rotonde, relevé avec soin, a donné *18*m,*29*, ce qui fait le diamètre de *36*m,*58* ou 100 pieds de *365*mm,*8*.

Si de 18m,29 on retranche *6*m,*80* (voir le plan) il reste *11*m,*49* pour le rayon extérieur de la rotonde proprement dite, et pour le diamètre *22*m,*98*. On a donc :

Diamètre extérieur de la galerie. 36m,58 ⎫ Cotes relevées.
Diamètre extérieur de la rotonde. 22m,98 ⎭

L'épaisseur relevée du mur de la rotonde est de *1*m,*14*.
Or :

100 pieds de 365,714 font 36m,5714.
63 pieds   —   23m,04.
3 pieds 1/8   —   1m,1428.

Pour la première cote, il y a identité. Les deux autres offrent, chacune, une légère différence qui reste dans la limite des erreurs possibles, en pratique.

* *

Les deux pieds de *360*mm et de *365*m,*714* ont dû être employés simultanément en Palestine, et cela s'explique par le rapport qui les unit :

$$\frac{360^{mm}}{365,714} = \frac{63}{64}.$$

Ce qui donne :

$$\left.\begin{array}{l} 64 \times 360^{mm} \\ 63 \times 365,714 \end{array}\right\} = \textbf{\textit{23}}^{m}\textbf{\textit{,04}} \text{ ou diamètre de la rotonde.}$$

Il s'ensuit que le diamètre de la rotonde, proprement dite, peut s'exprimer en pieds de *360*mm ou en pieds de *365*mm,*714*.

* *

Il s'agit, bien entendu, de l'unité en usage à l'époque de la construction de la rotonde, que cette rotonde soit du viie siècle ou du ive comme le pensent quelques auteurs.

Ce qui paraît certain c'est que le pied de 360mm était connu des constructeurs de la mosquée d'Omar dont le diamètre est de 54 mètres ou 100 coudées de 540mm et 150 pieds de 360mm.

* *

La faible différence qui existe entre le pied de Karnak et celui de *365*mm,*714* permet de supposer que ces deux unités ont été souvent confondues. Elles sont, cependant, absolument distinctes.

* *

Le pied de *365*mm,*714* n'est, d'ailleurs, point inconnu en Europe puisqu'on le rencontre à Trente (Italie) et qu'aux rapports déjà mentionnés on peut ajouter les suivants :

*365*mm,*714* = 7/10 de *522*mm,*448*. Coudée d'Assos (Asie Mineure).

—   7/9 de *470 204*   Idem.

—   7/5 de *261,224*. Pan de Nice.

—   7/6 de *313,4693*. Valeur théorique du Pied de *Leyde* ou du *Rhin*.

—   6/5 de *304,7619*. Pied anglais.

Si l'on suppose l'origine du pied de *365*m.*714* en Égypte, et cette origine paraît certaine, puisque ce pied est contenu 375 fois juste dans la hauteur de la pyramide de Kephren, et 405 fois dans la hauteur de la pyramide de Kheops, on peut suivre sur la carte le chemin parcouru par cet étalon pour aboutir à l'Angleterre.

Le pied anglais vaut 5/6 de *365*mm,*714*.

$$\left.\begin{array}{l} 375 \times 365{,}714 \\ 450 \times 304{,}7619 \end{array}\right\} = 137^{\mathrm{m}}{,}142. \text{ Kephren.}$$

$$\left.\begin{array}{l} 405 \times 365{,}714 \\ 486 \times 304{,}7619 \end{array}\right\} = 148^{\mathrm{m}}{,}1142. \text{ Kheops.}$$

Les mesures antiques sont liées aux migrations des peuples et des corporations ouvrières. C'est ainsi, pour citer un exemple, qu'à Florence la coudée des constructeurs vaut *548*mm,*571* ou 3/2 de 365mm,714. Cette coudée est perse; nous l'avons rencontrée à *Ammân* appliquée au monument persan qui s'élève au sommet de l'Acropole. Il est, d'autre part, incontestable que certains édifices de Florence ont une physionomie orientale. Le pied de *365*mm,*714* et la coudée de *548*mm,*571*, en donnent l'explication. On retrouve cette dernière jusqu'au fond du golfe de Finlande.

**

Si l'on suppose derrière chacune des *unités connues*, employées par les nations, les provinces ou les villes, un groupe d'émigrants partis d'un point déterminé de l'Egypte, la présence d'une de ces unités en certaines contrées jalonne sur la carte les différentes étapes de ce groupe voyageur, et, pour employer l'heureuse expression de M. Choisy, *une simple mesure de brique égyptienne, se trouve ainsi élevée à la hauteur d'un document ethnologique.*

**

Comme presque toutes les mesures connues, peuvent facilement se rattacher au système égyptien, il faut admettre que l'Égypte a été le point d'origine de cette diffusion tout à fait surprenante, et bien antérieure à l'exode des Hébreux puisque le *Sicle* poids fondamental du système était connu en Palestine 300 ans avant Moïse. Il en est nécessairement de même du Talent antique connu sous le nom de *Talent hébraïque.*

Or l'expression du $Sicle = \dfrac{(514^{mm}.285)^3}{10,000} = 13^g,602332\ldots$ ne laisse aucun doute sur l'origine de ce poids puisque la coudée de $514^{mm},285$ qui vaut 10/7 du pied de Karnak et 5/3 du pied égyptien de $308^{mm},714$ se trouve appliquée à la statue assise du Pharaon Kephren dont l'original existe au musée du Louvre. Ajoutons que d'après certains documents étudiés par le R. P. *Scheil,* traducteur du Code du roi Hammourabi le *Sicle* est déjà mentionné 3.500 ans avant J.-C.

**

Le pied de $365^{mm},714$ vaut juste 32/45 de $514^{mm},285$ et 32/48 ou 2/3 de $548^{mm},571$ ce qui fait la coudée de $514^{mm}.285$, 15/14

de $548^{mm},571$ et le pied royal des Perses, de $329^{mm},142$ égal
à 64/100 de $514,285$.

La coudée de $514^{mm},285$ est une des principales unités
du Parthénon d'Athènes. Soixante coudées de $514^{mm},285$
correspondent à cent pieds de $308^{mm},5714$. Elle vaut 3/2
de $342^{mm},857$, pied de la colonne du temple élamite de
Chouchinak et commune mesure entre la hauteur et la largeur
de la pyramide de Kephren :

$$630 \times 342^{mm},857 = 216 \text{ mètres}$$
$$400 \times 342^{mm},857 = 137^{m},142.$$

Le pied de $342^{mm},857$ importé de Byzance fut adopté par
la ville de Lyon. Les colonnes extérieures du Parthénon ont
de hauteur $10^{m},285$ ou 20 coudées de $514^{mm},285$. Enfin
$514^{mm},285$ valent 15/14 de 480^{mm}, longueur de la coudée
usuelle de la Perse moderne — *Zer légal* — et 8/7 de 450^{mm},
longueur de la petite coudée de l'étalon égyptien du Louvre.

Ces comparaisons suffisent pour montrer l'importance
antique de la coudée de $514^{mm}.285$. On peut ajouter que
$514^{mm},285$ valent 3/4 du Pik Stambouli et 3/8 du diamètre de
la colonne du Temple de Chouchinak (musée Morgan).

La recherche de l'unité du Saint-Sépulcre nous a conduit
à découvrir la valeur théorique de l'ancien pied de Paris
fixé par la Commission du mètre à $324^{mm},84$.

La valeur théorique de ce pied doit être $325^{mm},079$ ou 8/9
de $365^{mm},714$, pied du Saint-Sépulcre.

Cette origine pourrait sembler douteuse. Cependant, il est
facile de découvrir à cette valeur tout une parenté aussi loin-
taine, si l'on tient compte des rapports simples qui unissent
les mesures antiques. Cette valeur du pied de Paris représente encore :

2/3   de $487,619^{mm}$ — Pied de Genève.
16/15 de $304,7619$ — Pied anglais.
28/27 de $313,469$ — Pied de Leyde.
40/81 de $658,285$ — Grande Hachémique.
80/81 de $329,142$ — Pied royal perse.
16/21 de $426\ 2/3$ — Coudée Mesry (Caire).
64/63 de 320 —   — Pied arabe.
16/27 de $548,571$ — Coudée perse.
35/36 de 334.367 — Pied de Charlemagne.

****

L'origine antique du Pied de Paris est mise en évidence par les rapports qui précèdent. Il suffit de savoir comment a été faite la réforme du pied français, en 1668, pour comprendre ce qu'offre d'incertain la valeur $324^{mm},84$ fixée par la Commission des mesures républicaines, et admettre que la valeur antique de ce pied a pu être altérée.

Ce fut, d'après un ouvrage de maçonnerie, une arcade du Vieux Louvre qui, d'après les plans, devait avoir *douze pieds*, que la correction de la *Toise des maçons* ou *Toise du Châtelet* fut exécutée. Quelque précis qu'aient pu être les ouvriers qui ont planté les piedroits de cette arcade, on conviendra que c'est là un moyen bien incertain de retablir la valeur théorique d'un étalon précédemment altéré.

Suivant l'usage partout observé l'étalon français devait être en rapport avec les mesures des nations les plus voisines : l'Allemagne, l'Angleterre, l'Italie, la Suisse. C'est ce que prouve le tableau ci dessus. Mais une preuve non moins certaine de l'antiquité du pied de $325^{mm},0793$ est celle qui résulte de la série $\dfrac{325^{mm},0793}{III}$ prolongée et dont le VIIe terme nous montre la valeur théorique du *Zira-y-Mimari* de Constantinople (Pik des Architectes) $= 758^{mm},518$.

Lors des réformes métriques ordonnées en 1872 par le Gouvernement ottoman pour mettre les mesures de l'Empire en rapport avec les mesures françaises, le *Zira-y-Mimari* fut fixé à 758ᵐᵐ. On négligea la fraction.

Ce n'est pas seulement avec le Zira-y-Mimari que le pied théorique de Paris est en rapport exact et simple. Nous le trouvons encore, valant 8/9 du pied de *365ᵐᵐ,714* et 24/25 de *338ᵐᵐ,624*, moitié d'un Pik de *677ᵐᵐ,288* encore usité en Égypte, où il est connu sous le nom de Pik Stambouli. Cette dénomination erronée s'explique par la faible différence qui existe entre ce Pik particulier et le véritable *Pik Stambouli* qui vaut *685ᵐᵐ,714*.

$$\frac{677^{mm},248}{685^{mm},714} = \frac{80}{81}.$$

*
* *

Comme tous les pieds antiques le *pied de Paris* était une demi-coudée. Nous avons vu que le pied théorique de *325ᵐᵐ,0793* était en rapport exact avec les mesures principales des nations voisines de la France. Il restait à comparer ce pied avec les mesures de l'Espagne qui, importées par les Arabes, sont toutes antiques.

La *Vara de Castille*, en particulier, a conservé sa valeur théorique. Officiellement, elle vaut *835ᵐᵐ,905*. Théoriquement, sa longueur est de *835ᵐᵐ,918* ou 16/7 du pied de *365ᵐᵐ,714* (Saint-Sépulcre), 9/7 de *650ᵐᵐ,158* (2 × 325ᵐᵐ,079) et 8/5 de la coudée *d'Assos = 522ᵐᵐ,448*.

*
* *

De ce qui précède il résulte que le pied théorique de Paris vaut *325ᵐᵐ,0793* ou 14/36 de la Vara de Castille.

$$325^{mm},0793 = 14/36 \; 835^{mm},918.$$

Nous possédons un étalon de la Vara de Castille. Il se divise en 36 pouces, et le pouce en 12 lignes. Le Pied de Paris correspond ainsi à 14 pouces de Castille.

Mais ce fut probablement par l'est que le *Pied de Paris* pénétra en Gaule puisqu'il vaut 28/27 de *313^{mm},4693*, longueur du *Pied du Rhin* théorique.

$$\frac{313^{mm},4693}{325^{mm},0793} = \frac{27}{28}.$$

La valeur *325^{mm},0793* du pied de Paris se rapporte à un stade philetérien de 213^{m} 1/3. La valeur *325^{mm} 00504* se rapporte à un stade de *213^{m},284,571*.

$$325^{mm},00504 = 32/21000 \ 213^{m},284,5.$$
$$325^{mm}.0793 \cdot= 32/21000 \ 213^{m} 1/3.$$

Si l'on fait le pied anglais $=1/700$ de *213^{m},281,571*, sa valeur sera *304^{mm},692 241* et celle du pied de Paris $=325,005,056$.

$$\frac{\text{P. Paris}}{\text{P. anglais}} = \frac{16}{15} = \frac{325^{mm},005,056}{304^{mm},692,244}.$$

C'est, en résumé, toujours à l'Égypte antique qu'il faut remonter pour découvrir l'origine des mesures dont le monde entier a fait usage. Les corporations ouvrières, les hanses commerciales et les invasions les ont transportées de province en province, de ville en ville, jusqu'au fond du golfe de Finlande, jusqu'aux Indes et au Japon, et, par le cabotage, jusque sur les côtes occidentales de l'Afrique.

Le pied de Paris se rattache à la pyramide de Dachour par son rapport avec le pied philetérien.

$$\begin{cases} 325,0793 = 32/35 \ \text{de } 355^{mm},55. \\ 325,005 \ = 32/35 \ \text{de } 355^{mm},271. \end{cases}$$

$$\begin{cases} 355{,}55^{\text{mm}} &= 1/600 \text{ de } 213^{\text{m}} 1/3. \\ 355{,}274 &= 1/600 \text{ de } 213^{\text{m}}{,}284{,}571. \end{cases}$$

Le pied de Paris est donc, comme le pied anglais, une mesure philetérienne. Il en résulte que le pied de $325{,}079$ vaut 35/32 du pied anglais de $304{,}7619$.

*
*.

Nous venons de voir que le pied théorique du Rhin vaut 27/28 du pied de Paris. Il vaut encore 8/7 de $274^{\text{mm}}{,}285$, longueur du pied du Temple de Jupiter à Olympie, et 16/7000 de la hauteur de la pyramide de Kephren. D'où :

$$\dfrac{313^{\text{mm}}{,}469{,}387}{\text{Pied du Rhin}} = \begin{cases} 16/7000 & 137^{\text{m}}{,}142. \text{ Kephren.} \\ 8/7 & 274^{\text{mm}}{,}285. \text{ Olympie.} \\ 3/5 & 522^{\text{mm}}{,}448. \text{ Assos.} \\ 3/8 & 835^{\text{mm}}{,}918. \text{ Castille.} \\ 6/7 & 365^{\text{mm}}{,}714. \text{ Saint-Sépulcre.} \\ 10/21 & 658^{\text{mm}}{,}285. \text{ Grande Hachémique.} \\ 15/32 & 668^{\text{mm}}{,}734. \text{ Elle d'Aix-la-Chapelle.} \\ 15/16 & 334^{\text{mm}}{,}367. \text{ Pied de Charlemagne.} \\ 2/3 & 470^{\text{mm}}{,}204. \text{ Assos.} \end{cases}$$

La filiation du *Pied du Rhin* est tout à fait remarquable et méritait d'être signalée. Ce pied fameux dérive des mesures principales de la pyramide de Kephren et son rapport 15/16 avec le pied de $334^{\text{mm}}{,}367$ permettrait de faire remonter son institution à l'époque de Charlemagne, c'est-à-dire au commencement du ixe siècle.

*
*.

Reste à savoir ce que l'histoire entend par le *Pied de Char-lemagne*. Est-ce le pied de Paris de $325{,}0793$? Ne serait-ce pas plutôt le pied d'Aix-la-Chapelle de $334^{\text{mm}}{,}367$? Aix-la-Chapelle était la capitale de Charlemagne. C'était sa résidence habituelle. On y montre son tombeau. Toutes les probabilités sont donc en faveur du pied de $331^{mm},367$, moitié de la coudée de $668,734$. Cette dernière s'est conservée à Aix-la-Chapelle sans aucune altération, avec sa valeur théorique. Moscou, l'ancienne capitale de la Russie, avait adopté le pied de Charlemagne qui vaut 64/63 du pied royal des anciens Perses.

$$331^{mm},367 = 64/63 \; 329^{mm},142.$$

*

Les villes de Dantzick et de Hambourg nous fournissent, chacune, un exemple de l'usage adopté par les grandes cités de choisir pour mesures municipales ou provinciales des longueurs qui fussent en rapport avec l'étalon royal de la capitale. Le pied de Dantzick de $286^{mm},6$ vaut 6/7 du pied de Charlemagne. La coudée de Hambourg de $573^{mm},201$ vaut 6/7 de l'Elle d'Aix-la-Chapelle.

$$\text{Dantzick} \quad = 286^{mm},6 = 6/7 \; 331^{mm},367.$$
$$\text{Hambourg} = 573^{mm},2 = 6/7 \; 668^{mm},734.$$

*

L'orgueil dynastique n'était peut-être pas étranger au choix des souverains, quand ils avaient à instituer la mesure nationale qui devait porter leur nom. De même qu'en Orient la coudée de $658^{mm},285$ (Xerxès) succéda a celle de $656^{mm},1$ (Darius) et à celle de 640^{mm}, de même, en Occident, nous voyons la coudée de $668^{mm},734$ succéder à celle de $658^{mm},285$. En montant sur le trône les grands chefs d'État tenaient à adopter un étalon distinct de ceux de leurs voisins *ou* de leurs prédécesseurs.

C'est ainsi que l'*ancienne* archine de la Russie qui valait $718^{mm},129$ fut faite des 12/11 de $658^{mm},285$.

Celle-ci, cependant, était la coudée des grands rois de la

Perse. Il semble qu'elle aurait pu suffire aux souverains
moscovites, soit même à Charlemagne.

Ce besoin des grands chefs de se distinguer de leurs
voisins, en adoptant une mesure spéciale, s'étendit aux plus
petits seigneurs, aux provinces et aux villes. C'est ce qui
explique la multiplicité des mesures qui se rencontrent
encore dans des contrées, même de modeste étendue.

On se demande, pourtant, à qui pouvaient bien s'adresser
ces souverains, ces provinces ou ces villes pour déterminer
la longueur de l'étalon à choisir. Car l'étude des mesures en
usage démontre que tous ces étalons sont en rapport l'un avec
l'autre, et qu'ils appartiennent tous à un système unique dont
l'Égypte paraît avoir été le berceau. Et l'on est conduit à
admettre un collège de savants détenteur par tradition, du
secret de ce système.

Il est incontestable que le pied du Rhin, par exemple, est
8/7 du pied qui servit aux ouvriers du Temple de Jupiter, à
Olympie, et 3/5 de la coudée du Temple d'Assos. *Olympie* est
dans le Péloponèse ; *Assos* est en Asie Mineure.

Les contrées du Rhin sont fort loin de la, et cependant la
comparaison de toutes ces mesures entre elles nous ramène
toujours à la méthode que l'on trouve inscrite sur l'étalon
égyptien du Louvre, comme sur l'étalon chaldéen de Goudéa,
à savoir que l'unité principale se divisait successivement
en 2, 3, 4, ...15 et 16 parties, donnant ainsi naissance à un
grand nombre d'unités nouvelles.

Que les anciens égyptiens connussent tous les détails de ce
système d'ailleurs fort simple, cela se conçoit. Mais que les
modernes l'aient conservé avec une telle rigueur que la
valeur de certains étalons correspond exactement à la valeur
théorique, il y a là de quoi nous confondre. A moins
d'admettre que les mesures qui se rencontrent en Europe y

aient été introduites dès la plus haute antiquité et par des envahisseurs venus de l'Orient.

Rappelons, à ce sujet, la coudée florentine *des constructeurs*, qui vaut *548ᵐᵐ,571*. On la rencontre à Mayence et au fond du golfe de Finlande. Elle était connue en Sardaigne. Nous l'avons nous-même constatée en Ammonitide. Elle vaut juste 5/6 de la Grande Hachémique et 7/4 du pied du Rhin.

*
* *

L'origine du *Pied de Paris* qui vaut 28/27 du Pied du Rhin et 3⁷/36 du Pied de Charlemagne se trouve démontrée par les rapports qui précèdent. Il n'y a donc pas une seule mesure employée en Europe qui ne soit d'origine orientale, et, jusqu'à preuve contraire, il semble bien que ce soit à la science des Égyptiens que l'on doit attribuer l'invention d'un système basé sur la mesure d'un degré terrestre. Il a fourni aux peuples du monde entier les étalons dont ils font encore usage Citons, entre autres, le Pied anglais qui, par lui-même et par l'*Archine* des Russes, contrebalancera pendant longtemps encore l'influence du *mètre français*. Le pied anglais qui vaut 3/7 de l'Archine *moderne* des Russes, est contenu 700 fois juste dans la largeur de la Pyramide de Dachour et 450 fois dans la hauteur de la Pyramide de Kephren. Ce qui nous apprend que la hauteur de la Pyramide de Kephren et la largeur de la Pyramide de Dachour sont dans le rapport

$$\frac{9}{14} = \frac{137^{m},142}{213^{m},1/3}.$$

*
* *

Le rapport 27/28 qui unit le pied du Rhin au pied de Paris théorique de *325ᵐᵐ,079* et celui de 35/36 qui unit ce dernier au pied de 334ᵐᵐ,367 (Charlemagne) permettent de faire

remonter l'introduction du pied de Paris en Gaule au ix⁰ siècle.
Jusque là le pied romain de *296,2285* a dû être l'étalon des
corporations ouvrières. On pourrait s'en assurer en mesurant
les matériaux moulés qui remontent à cette époque.

La ville de Stettin (Prusse) a conservé l'usage d'une aune
de 650^{mm},8 qui représente 2 pieds de *325,4.*

L'aune de Stettin est à l'aune d'Aix-la-Chapelle comme
35/36 à très peu près.

* * *

Le pied du Saint-Sépulcre de *365*^{mm},*714* nous conduit
encore à parler du *Pik Stambouli* de *685*^{mm},*714* qu'on trouve
appliqué aux subdivisions des parties anciennes de la Mosquée
d'Omar. Sous la brillante décoration extérieure que l'on
connaît, et qui date du xvi⁰ siècle, la structure primitive de la
mosquée montre des ouvertures tracées en plein cintre
(viii⁰ siècle J. C.). Ce fut en 1871, et pendant les travaux de
restauration ordonnés par le gouvernement ottoman, que nous
fîmes cette importante constatation. Nous donnons un croquis
coté de l'état ancien d'une des faces de l'octogone.

Les mesures relevées semblent démontrer que le *Pik
Stambouli* de *685*^{mm},*714* a été l'unité employée pour tracer
les subdivisions de cette partie de l'édifice.

Les piliers ont *68*^{cm} de largeur. Les petites arcades ont
2^{m},*07*. La grande arcade centrale, *2*^{m},*85*. Ce qui permet
d'établir la grandeur d'un des côtés de l'octogone de la
mosquée primitive.

8 piédroits	de	0^{m},68	font	5,44
6 arcades	de	2^{m},07	—	12,42
1 —	de	2^{m},85	—	2,85
			Total.	20,710

Appliquant le *Pik Stambouli* de *0*^{m},*685,714*, on obtient :

Mosquée d'Omar à Jérusalem. Forme primitive des arcades avant les travaux du xvie siècle.

$$
\begin{array}{lll}
\text{8 piédroits de } 0^{m},685,714 & & 5,\overset{m}{48571} \\
\text{6 arcades de } 2^{m},057 \text{ (3 Pik).} & & 12,34285 \\
\text{1 — de} & & 2,85714 \\
& \text{Total.} & \underline{20,68570}
\end{array}
$$

Dans notre étude de 1888, nous avons trouvé la grandeur *calculée* de ce côté comme étant de $20^{m},67$ avec rayon de $26^{m},99$ pour le cercle circonscrit à l'octogone de la mosquée. La cote $20^{m},6857$ correspond à un rayon de $27^{m},00$ juste.

Si les Musulmans du xve siècle ont donné le nom de *Stambouli* au Pik de $685^{mm},714$, c'est qu'au moment de la conquête ils ont trouvé ce Pik en usage à Constantinople, où il était, sans aucun doute, connu depuis des siècles, en raison de ses rapports simples avec les mesures de la Perse.

$$
685^{mm},714 = \begin{cases}
5/4 \ \ \text{de } 5\overset{mm}{48},571. \text{ Ammân.} \\
10/7 \ \ \text{de } 480. \text{ Zer légal de Perse.} \\
25/24 \text{ de } 658,285. \text{ Grande Hachémique.} \\
25/12 \text{ de } 329,142. \text{ Pied royal.}
\end{cases}
$$

Il est donc, maintenant, bien prouvé que l'octogone de la Mosquée d'Omar est inscrit dans un cercle de 54 mètres de diamètre, ce qui fait 100 coudées de 540^{mm} (coudée noire), 150 pieds de 360^{mm} (Karnak) et 175 pieds égyptiens de $308^{mm},571$.

L'emploi du pied de 270^{mm} à la Mosquée d'Omar semblerait plus naturel puisque le diamètre du cercle circonscrit est de 200 pieds de 270^{mm}. Il est, cependant, incontestable que les subdivisions des côtes relèvent du Pik de *685*mm,*714*. Mais les deux unités ont pu être employées simultanément, car la coudée de 540mm etle Pik Stambouli sont dans le rapport 63/80, moitié du rapport qui unit la largeur et la hauteur des Pyramides de Gyzeh = 63/40.

La grandeur du côté de l'octogone dépend absolument du rayon adopté pour le cercle circonscrit. Avec 27 mètres de rayon le côté *calculé* est de *20*m.*677* et cette grandeur correspond a très peu près aux mesures relevées. On peut admettre que les ouvriers qui avaient, entre les mains le *Pik Stambouli* avaient reconnu que le côté de l'octogone contenait presqu'exactement 30 Pik, car 30 Pik Stambouli font *20*m,*571*.

La différence porta sur l'arcade centrale qui fut faite un peu plus large que les autres, et constitua pour ainsi dire le « *Closoir* » de la cote totale.

L'usage très répandu, en Orient, du *Pik Stambouli*, s'explique par ce fait que 200 pik de cette espèce correspondent à la hauteur de la pyramide de Kephren qui est de *137*m,*142*, et 216 pik, à la hauteur théorique de la pyramide de Kheops, qui est de *142*m,*1142* ou 500 pieds romains. Il est lié aux mesures les plus anciennes par des rapports simples, et, en particulier avec la coudée de *514*mm,*285* qui en est les 3/4.

$$514^{mm},285 = 3/4\ 685^{mm},714.$$

Le pik de *685*mm,*714* a dû être introduit à Constantinople par les Perses, car il vaut 10/7 de *480*mm, valeur du pik légal de la Perse moderne. On le retrouve jusqu'à Batavia dont il est l'aune officielle. Le pik de *480*mm, n'est autre chose que la *coudée de la main* des auteurs arabes (Sauvaire) Cependant l'adoption du plein cintre et l'extradossement régulier des arcades de la mosquée d'Omar primitive semblent exclure l'influence de la Perse qui a laissé la trace de ses méthodes dans le monument de l'acropole d'Ammân, élevé vers 620 de notre ère (Dieulafoy). Ce monument qui est en pierre, nous montre des arcades franchement tracées en arcs brisés, mais extradossées d'une façon très irrégulière. Les constructeurs d'Ammân n'avaient pas, dans la main, leurs matériaux habituels. L'ornementation des murs a été dessinée sans tenir compte de l'appareil de ces murs. A la mosquée d'Omar, l'influence des méthodes perses ne se montre que plus tard. La charpente du dôme qui est en arc brisé, porte la date de 1022. Puis, au xvie siècle apparaissent les belles faïences dites *Qichâny* du nom de la ville perse de Qichân où elles se fabriquaient.

Il est permis de supposer que les premiers constructeurs de la mosquée avaient l'intention de revêtir les murs extérieurs de mosaïques à petits cubes, comme on en voit encore de fort belles, à l'intérieur, et comme il en existait, autrefois aux parties anciennes de l'Église du Saint-Sépulcre. L'icône en mosaïque qui surmontait le petit édicule de l'*Ombilic*, en fournit un exemple. Damas en montre d'autres exemples appliqués à l'extérieur.

La forme en plein cintre et l'extradossement tout romain des arcades primitives, doit trancher la question de la nationalité des premiers architectes de la mosquée. Ils n'étaient pas persans, et ce fut plus tard que l'art arabe s'orienta du côté de la Perse.

. Si le Pik de *685,714* est bien celui qu'employèrent les architectes de la Mosquée, ce Pik peut être considéré comme étant une mesure royale ou régionale, au même titre que la Grande Hachémique de *658,285*, et la série de la Kane

ouvrière sera celle de $\dfrac{685,714}{VI}$ dans laquelle le pied est repré-
senté par $342^{mm},857 = 1/2\ 685^{mm},714$, et la coudée ouvrière
par $571,428$, étalon que les Arabes ont conservé.

$$
\begin{array}{ll}
1 & - \ 114,285 \\
2 & - \ 228,571 \\
3 & - \ 342,857 \times 10 \\
4 & - \ 457,142 \times \ 7,5 \\
5 & - \ 571,428 \times \ \ 6 \\
6 & - \ 685,714 \times \ \ 5 \\
7 & - \ 800 \\
8 & - \ 914,285
\end{array}
\quad
\left.\begin{array}{c}
\\
\\
\\
\\
\\
\end{array}\right\}
\quad
\begin{array}{l}
\text{Kane} \qquad\qquad \text{Stade} \\
= 3^{m},428 \times 60 = 205^{m},714.
\end{array}
$$

Pour plus de commodité les ouvriers devaient se servir
d'une demi-kane de 5 pieds, comme le firent les Romains
avec leur *pas* qui n'est en résumé qu'une demi-kane.

La série applicable à la demi-kane de la mosquée devient
alors :

$$
\begin{array}{ll}
1 & - \ 57,142 \\
2 & - \ 114,285 \\
3 & - \ 171,428 \times 10 \\
4 & - \ 228,571 \times \ 7,5 \\
5 & - \ 285,714 \times \ \ 6 \\
6 & - \ 342,857 \times \ \ 5 \\
7 & - \ 400 \\
8 & - \ 457,142.\ 1/2 \text{ yard.} \\
9 & - \ 514,285.\ 5/3 \text{ de } 308,571. \\
10 & - \ 571,428.\ \text{Coudée arabe.}
\end{array}
$$

(lignes 3 à 6) $\left.\right\}$ $\begin{array}{l}\text{1/2 kane} \qquad \text{1/2 stade} \\ = 1^{m},1142 \times 60 = 102^{m}\ 857.\end{array}$

* *
*

La largeur des petites arcades de la mosquée est juste de
6 pieds de $342^{mm},857 = 2^{m},05714$. L'arcade centrale qui forme
le *closoir* de la cote totale a pour mesure $2^{m},8571$ ou
$10 \times 285^{mm},714 = 5 \times 571,428$. Nous avions relevé $2^{m},85$.

La mesure théorique du côté de l'octogone est donc de $20^m,68571$ au lieu de $20^m,710$ que donnent nos relevés. La différence qui est insignifiante n'atteint pas 25^{mm}.

Une autre preuve bien curieuse de l'emploi, à Jérusalem, du *Pik Stambouli* au viiie siècle, nous est fournie par le petit édifice connu sous le nom de *Dôme de la Chaîne* ou *Mehemeh de David* et situé sur le plateau de la mosquée d'Omar, à l'orient de celle-ci.

Le plan de ce monument a été tracé de telle sorte que le diamètre du cercle qui passe par le centre des onze colonnes extérieures, a juste 12 mètres ou 20 coudées de 600^{mm}.

La division de ce cercle en onze parties révèle une préoccupation particulièrement grecque. C'est une application construite du rapport antique 22/7. Il en résulte que *l'arc de cercle* compris entre les centres de deux colonnes consécutives est égal à 2/7 du diamètre. Or le diamètre étant de 12 mètres l'arc A B vaudra $\dfrac{2\,D}{7}$ ou $\dfrac{24^m}{7}$, soit $3^m,42857$ ou 10 pieds de $342^{mm},857$ et 5 Pik Stambouli de $685^{mm},714$.

Le diamètre du Dôme de la Chaîne vaut exactement 2/36 du Stade de Kephren.

Cette curieuse préoccupation explique la division du cercle en onze parties. La coudée de 600^{mm} vaut juste 7/8 du Pik Stambouli, ce qui fait le diamètre égal à 17 1/2 Pik Stambouli et 35 pieds de $342^{mm}\,857$.

Le pied de $342,857$ n'est autre que l'ancien pied de Lyon. Il vaut 10/9 de 308,5714. Dans l'exemple qui précède, le rapport de l'arc A B au diamètre est donc :

$$\frac{\text{Arc A B}}{\text{Diamètre}} = \frac{10}{35} = \frac{2}{7} \text{ comme ci-dessus.}$$

L'emploi du Pik Stambouli au *Dôme de la Chaîne* explique

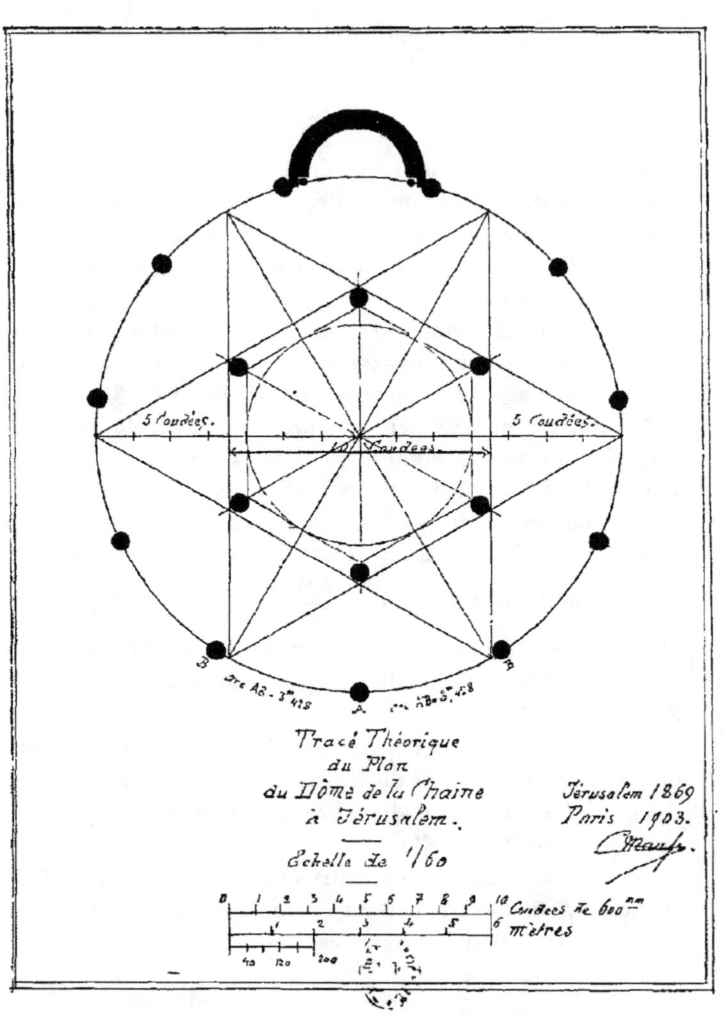

5 coudées.
5 coudées.
10 Coudées.
B
A
A
arc AB = 3.428
arc AB = 3.428
Tracé Théorique
du Plan
du Dôme de la Chaine
à Jérusalem.
Jérusalem 1869
Paris 1903.
Echelle de 1/60
0 1 2 3 4 5 6 7 8 9 10 Coudées de 600 mm
1 2 3 4 5 6 mètres
40 120 200

la présence de ce Pik à la *Mosquée d'Omar*, de même que la coudée de *600*mm explique l'emploi de la coudée de *510*mm puisque $\frac{540}{600} = 9/10$.

$$\frac{600^{mm}}{685,714} = \frac{7}{8} - \frac{540^{mm}}{600} = \frac{9}{10}.$$

1º La onzième partie d'une circonférence de 12 mètres de diamètre ressort à *3*m,*428* = 5 Pik Stambouli.

2º L'apothème de 3m,00 détermine le côté de l'hexagone = *3*m,*464*.

La faible différence qui existe entre ces deux nombres autorise à supposer que l'architecte a pu vouloir prendre comme première donnée le côté de l'hexagone en le faisant de 5 Pik Stambouli. Mais nous préférons la première hypothèse qui est, autant que la seconde, dans l'esprit de l'antiquité. L'intention de l'architecte peut s'écrire ainsi :

$$\frac{cf}{11} = \frac{22\,D}{7 \times 11} = \frac{2\,D}{7}.$$

Faire l'entraxe des colonnes extérieures égal à 2/7 du diamètre ou 5 Pik Stambouli, en admettant le rapport antique 22/7.

L'emploi du Pik Stambouli au *Dôme de la Chaîne* nous apprend que ses constructeurs devaient être byzantins, et cette hypothèse se trouve confirmée par la forme en plein cintre qui a été donnée aux arcades de la mosquée d'Omar.

*
* *

L'exemple qui précède est très propre à montrer la souplesse du système métrique de l'antiquité. Les rapports simples qui unissaient certaines longueurs très usitées permettaient de passer facilement de l'un à l'autre des étalons en usage :

$$600^{\text{mm}} = \begin{cases} 7/8\ 685,714^{\text{mm}} & -\text{ Pik Stambouli.} \\ 10/9\ 540 & -\text{ Coudée Noire.} \\ 8/7\ 525 & -\text{ Coudée égyptienne du Louvre.} \\ 7/4\ 342,857 & -\text{ Pyramide de Kephren.} \\ 4/3\ 450 & -\text{ 6/7 de } 525^{\text{mm}}. \end{cases}$$

$$\left. \begin{matrix} 432 \times 342,857^{\text{mm}} \\ 216 \times 685\ 714 \end{matrix} \right\} = 148^{\text{m}},1142 \quad -\text{ Hauteur de la Grande Pyramide.}$$

$$\left. \begin{matrix} 630 \times 342,857 \\ 315 \times 685,714 \end{matrix} \right\} = 216^{\text{m}},00 \quad -\text{ Stade de Kephren.}$$

$$\left. \begin{matrix} 400 \times 342,857 \\ 200 \times 685,714 \end{matrix} \right\} = 137^{\text{m}},142 \quad -\text{ Hauteur de Kephren.}$$

*
* *

Le rapport 40/63 est commun aux trois grandes pyramides de Gyzeh.

Le rapport de Kheops à Kephren est 108/100. On voit par notre figure que la hauteur de la pyramide de Mycerinus correspond à 100 Pik ; celle de Kephren à 200 Pik, et celle de Kheops à 216 Pik Stambouli.

*
* *

Dans son histoire de Jérusalem et d'Hebron l'auteur arabe Moudjir-ed-Din a mentionné le *Dôme de la Chaîne*. A la page 50 de la traduction de M. Henry Sauvaire, on lit :

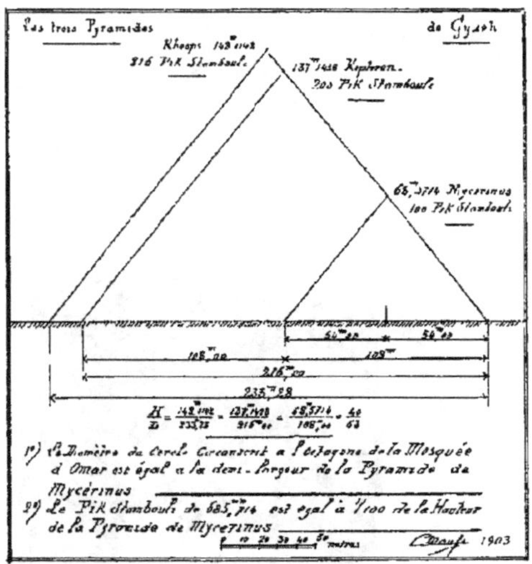

« .... *On dit qu'Abd-el Malek décrivit lui-même aux ouvriers comment il désirait que le Dôme (de la Sakrah) fût construit et agencé. Ceux-ci lui élevèrent, pendant son séjour à Jérusalem, la petite coupole qui est à l'orient du Dôme de la Chaîne.*

« *La forme lui ayant plu, il ordonna de construire la coupole de la Sakrah sur le même modèle.......* »

A la page 109 du même ouvrage on lit :

« .... *C'est une coupole excessivement gracieuse, portée sur des colonnes de marbre.......*

« ...... *On a vu qu'elle avait la même forme que la coupole de la Sakrah, à l'orient de laquelle elle est placée, entre la porte de ce monument et l'escalier d'El-Boráq. Le nombre des colonnes est de dix sept, sans compter les deux du Mihrab...* »

Le diamètre du « *Dôme de la Chaîne* » est au diamètre de la mosquée d'Omar comme $12/54 = 2/9$.

Le diamètre de la mosquée d'Omar équivaut au quart du stade de Kephren.

9 décembre 1903.

C. MAUSS.

ANGERS, IMP. ORIENTALE A. BURDIN ET Cᶦᵉ, RUE GARNIER, 4.

9 782012 830721